ZEN
für jeden Tag

»Wenn du gehst,
dann gehe. Wenn
du sitzt, dann sitze.
Wenn du arbeitest,
dann arbeite.«

Zu mehr Klarheit,
innerer Ruhe und
Lebensfreude.
Einführung und
Anleitung.

Adelheid
Meutes-Wilsing

Judith Bossert

GRÄFE
UND
UNZER

Redaktion: Doris Birk
Lektorat: Michael Kurth
Layout-Konzept: Ludwig Kaiser
Herstellung: Monika Pamp
Umschlaggestaltung:
Ludwig Kaiser, Heinz Kraxenberger
DTP-Satz: Design-Typo-Print, Ismaning
Lithos: RDS Offsetreproduktionen, Baldham
Druck: Eberl, Immenstadt
Bindung: Franz Kraus, Kempten
Printed in Germany

ISBN: 3-7742-2107-3

Auflage   6. 5. 4. 3. 2.
Jahr   98 97 96 95 94

Adelheid Meutes-Wilsing

Leiterin des Laienklosters »Zenklausen in der Eifel«; Mitherausgeberin der Vierteljahreszeitschrift ZEN.

Judith Bossert (Chân Sac)

Dharmâchârya, Lehrauftrag von dem vietnamesischen Zenmeister Thích Nhât Hanh; Leiterin des ZEN-Verlags; Herausgeberin der Vierteljahreszeitschrift ZEN.

Bildnachweis
Jakob Blätte: 63, 81
Eberhard Grames: U2, 53, 56, 94/95
Manfred Jahreiß: 28, 35, 36, U3, U4
Transdia/Haenel: 2/3, 45, 70
Kalligraphie auf der Umschlagvorderseite und auf Seite 87: Taisen Deshimaru

Wichtiger Hinweis

Zen bedeutet (aus dem Japanischen übersetzt) schlicht Meditation. In diesem Buch ist damit das Einüben einer Achtsamkeit gemeint, das sowohl traditionelle Zenwege wie das Sitzen, das Gehen, das Rezitieren von Sutras als auch das Handeln im täglichen Leben umschließt.
Jeder Leser kann nur selbst entscheiden, ob, inwieweit und in welcher Form (alleine, in einer Gruppe, unter der Anleitung eines Meisters) er sich auf das Üben des Zen einlassen will.

Inhalt

Ein Wort zuvor

Wenn Du sitzt, dann sitze,
wenn Du gehst, dann gehe,
wenn Du arbeitest, dann arbeite,

sagte die Zenlehrerin zu mir, als ich mein erstes Zen-Wochenende erlebte. Damals, während meines Sinologie-Studiums, war ich bei der Beschäftigung mit den Kulturen und Religionen Chinas natürlich auch auf Ch'an (japanisch: Zen – sprich: senn) gestoßen. So ging ich nach Hause und übte:

Wenn Du sitzt, dann sitze. Ich übte sitzen – zu sitzen so natürlich wie ein Kind. Und mein Körper erlebte, daß Schmerzen, die ihn jahrelang durchzogen hatten, sich auflösten.

Wenn Du gehst, dann gehe. Mein Körper lernte zu gehen, Schritt für Schritt, und richtete sich wieder auf, Schritt für Schritt. Für mich war es wie ein Wunder zu erleben, daß durch das Sitzen im Zazen (→ Seite 25), durch das bewußte Gehen bei der Gehmeditation, im Kinhin (→ Seite 39), der Körper sich von alleine heilte und wie gleichzeitig der Geist langsam, Schritt für Schritt, Atemzug für Atemzug, zur Ruhe kam. Ich erfuhr, was die alten Zenmeister Chinas und Japans meinten: *Man braucht nichts zu erlernen.* Man braucht keine gelehrten Schriften zu lesen, muß nichts können, braucht keinen Erfolg zu haben. *Es genügt, einfach nur in Achtsamkeit zu üben und zu handeln.*

Der Geist des täglichen Lebens

Der Geist des Zen ist der Geist des alltäglichen Lebens, vom Morgen bis zum Abend, vom Abend bis zum Morgen, von Stunde zu Stunde, von Augenblick zu Augenblick. Zengeist ist Anfängergeist, von Atemzug zu Atemzug – sonst nichts.

Deshalb:
Wenn Du sitzt, dann sitze,
wenn Du gehst, dann gehe,
wenn Du arbeitest, dann arbeite.
Das ist alles – das ist Zen.
In diesem Buch finden Sie Anleitungen, wie Sie Zen, den Anfängergeist, jeden Tag üben können.

Adelheid Meutes-Wilsing

Zen für jeden Tag

Was ist Zen?

Einst fragte ein Mönch Zenmeister Jôshû: »Was ist Zen? Bitte, unterweise mich.« Jôshû erwiderte: »Hast Du schon gefrühstückt?« »Ja, Meister«, antwortete der Mönch. »Dann«, sagte Jôshû zu ihm, »spüle Deine Schalen.«

Zen ist nichts Besonderes. Zen ist Ihre Religion und meine Religion. Zen ist die Religion Japans, die Religion der Indianer, die Religion des Islam. Zen ist eine Philosophie. Zen ist die Philosophie Platons und Schopenhauers. Zen ist die Philosophie der japanischen Samurai und eines Karl Marx.

Zen ist unser Leben

Zen ist unser Körper. Zen ist die Haltung unseres Körpers. Zen ist die Bewegung unseres Körpers. Zen ist die Arbeit unseres Körpers. Zen ist das Spiel der Finger auf der Tastatur des Computers. Zen bin ich beim Fahrradfahren. Zen ist unser Lachen, unser Weinen, unser Haß, unsere Liebe, unsere Freude, unsere Trauer. Zen ist unser Handeln und die Beobachtung unseres Handelns.

Zen ist der Mond, Zen ist der Baum und der Sonnenuntergang. Zen ist der Frühling, der Sommer, der Herbst und der Winter. Zen ist die Frau, die Blumen in die Vase steckt. Zen ist das Teetrinken der Meisterin. Zen ist der Schüler in der Übung seines Kôan.

Das Wesen des Zen ist also nichts Außergewöhnliches. Zen ist das alltägliche Leben selbst, und das alltägliche Leben ist keine Methode. Zen ist das achtsame Tun eines jeden von uns – auf seine eigene Art und Weise. Trotzdem ist unsere Körperhaltung beim Sitzen und beim Gehen, beim Liegen und beim Stehen die »Eingangstür« in das achtsame Leben, in die Ruhe des Geistes und der Seele.

Die Grundübungen

Wir werden ausführlich die traditionellen Übungen vom Sitzen (→ Seite 25) und Gehen (→ Seite 39) beschreiben, damit Sie diese Hilfsmittel zu Hause oder in einer Gruppe benützen können.

»Der Weg ist das Ziel«

Jeder Mensch hat einen anderen Grund, sich mit Zen zu beschäftigen und Zen zu üben. Manche suchen nach dem Sinn des Lebens. Andere suchen Ruhe in der Hektik unserer Gesellschaft. Oder sie suchen mehr Gelassenheit in sich selbst, um alle Anforderungen, die ihr Arbeitsplatz oder ihre familiären Umstände an sie stellen, bewältigen zu können. Manche suchen eine gesündere Art zu leben, suchen Einfachheit in der Komplexität des Lebens. Oder es kommt jemand überhaupt nicht mehr mit der Lebensauffassung der Menschen in seiner Umgebung klar und sucht deshalb Unterstützung.
Manche sind so erschrocken vor der Umweltverschmutzung und der damit verbundenen Lebensbedrohung, daß sie diesen Zustand der Welt tiefer verstehen wollen, um einen Ausweg zu finden. Andere suchen Frieden in sich selbst und in ihrer Umgebung.

Wie auch immer Ihre augenblickliche Lebensfrage heißen mag, sie ist Ihr Tor zum Zenweg. Mit Ihrer Frage können Sie beginnen und üben, Ihren Weg im Alltag bewußt, aktiv und wach zu gehen. Sie werden erfahren, daß der Zenweg Sie auf Ihrem einmaligen, unverwechselbaren und unwiederholbaren Lebensweg führt. Sie werden erfahren, daß Ihr Weg der wunderbarste ist – und zwar in jedem neuen Augenblick.
Mit der Zeit trägt Ihr Gesicht bei jedem Atemzug ein Lächeln. Denn der Zenweg führt Sie zu körperlicher und seelischer Gesundheit, zu Harmonie mit Ihrer Lebensaufgabe, zu Toleranz und zu Achtung vor Ihrem Leben und dem ganzen Kosmos, zu Gelassenheit und Wachheit in allen Lebenssituationen und den Forderungen des Augenblicks gegenüber.
Sie werden Stille und Ruhe in sich finden, die Sie gütig und mild, aktiv und spontan, einfach und dankbar machen Ihnen selbst gegenüber und allem, was lebt und existiert.
Alles Große ist einfach, sagte Goethe. Auch der Zenweg ist einfach zu gehen und doch so schwer, da wir ihn Tag für Tag, Schritt für Schritt, ganz allein für uns gehen müssen. Niemand kann ihn für uns gehen und letztlich kann uns auch niemand dabei helfen. Wir müssen es schon selbst tun, Augenblick für Augenblick an jedem Tag.

Gründe,
Zen zu üben

Unseren Weg
müssen wir
alleine gehen

Es gibt kein Ziel

In einem japanischen Zenkloster hatte der junge Novize den Auftrag, den herbstlichen Zengarten vom gefallenen Laub zu befreien. Ein alter Mönch lehnte an der Mauer und beobachtete ihn. Nach einer Stunde aufmerksamen und meditativen Kehrens und Harkens hatte der Novize seine Aufgabe erfüllt. Die Tore des Klosters konnten geöffnet werden und die Besucher den Zengarten bewundern. Der alte Mönch sagte zu dem jungen Mann: »Wunderbar hast Du deine Arbeit getan. Ich muß Dich loben!« Dann ging er langsam auf den Ahornbaum zu und schüttelte mit aller Kraft den herbstlichen Baum, bis die restlichen Blätter den Kies wieder dicht bedeckten.

Mit einem Wort: Im Zen gibt es kein Ziel – der tägliche Lebensweg ist das Ziel.

Was bedeutet Zen?

Üben der Achtsamkeit

Eines Tages fragte ein Mann Meister Ikkyû: »Meister, wollt Ihr mir bitte einige Grundregeln der höchsten Weisheit aufschreiben?«
Ikkyû griff sofort zu Pinsel und Papier und schrieb: »Aufmerksamkeit«. »Ist das alles?« fragte der Mann. »Wollt Ihr nicht noch etwas hinzufügen?«
Ikkyû schrieb daraufhin: »Aufmerksamkeit. Aufmerksamkeit.«
»Nun«, meinte der Mann ziemlich gereizt, »ich sehe wirklich nicht viel Tiefes oder Geistreiches in dem, was Du gerade hinzugefügt hast.« Da nahm Ikkyû den Pinsel und schrieb: »Aufmerksamkeit, Aufmerksamkeit, Aufmerksamkeit.«
Verärgert begehrte der Mann zu wissen: »Was bedeutet dieses Wort ›Aufmerksamkeit‹ überhaupt?« Und Ikkyû antwortete sanft: »Aufmerksamkeit bedeutet Aufmerksamkeit.«

Den Augenblick leben

Zen bedeutet, den Augenblick nicht zu überschlagen, im Augenblick zu leben, und es bedeutet auch, den Augenblick nicht zu beurteilen: Ist er angenehm, ist er unangenehm, gefällt er mir, gefällt er mir nicht? Es geht einfach darum, den Augenblick wahrzunehmen, ihn zu leben. Es ist so, wie es ist.
Ein Beispiel: Ich gehe eines Morgens in Eile aus dem Haus und denke: »Mein Gott, ich komme zu spät.« Und schon läuft der neue Arbeitstag an meinem geistigen Auge vorbei, der gestrige Tag wiederholt sich – das kommende Wochenende entsteht. Plötzlich die Ampel – sie ist rot. Da merke ich, was in mir vorgeht. Ich weiß, daß ich heute morgen schon viele Augenblicke verpaßt, nicht echt gelebt habe. Ich habe noch nicht einmal gemerkt, daß ich die Tür mit einem Knall zugeschlagen habe, als ich das Haus in Eile verließ.

Nehmen Sie jede Handlung wahr

Die Zenübung der Achtsamkeit besteht darin, daß ich weiß, wenn ich die Türe mit einem Knall zuschlage. Es geht nicht darum, ob das gut oder schlecht ist. Ein nächstes Mal bin ich nicht gereizt, ich gehe ruhig und bewußt nach draußen. Ich achte auf meinen Atem und auf meine Schritte. Ich achte auf die Tür. Ich sehe das Holz, fühle den kalten Griff in meiner noch warmen Hand, öffne die Tür und weiß, daß ich es mit meiner linken Hand tue, weil ich in meiner rechten eine Tasche trage. Ich gehe nach draußen und merke, daß die Tür hinter mir leise zugeht. Ich spüre den kalten Herbstnebel, und ich friere.

Die nächste Übung der Achtsamkeit könnte zum Beispiel sein, daß ich jeden Handgriff, jede gewohnheitsmäßig ausgeführte Bewegung beim Einsteigen ins Auto und beim Autofahren bewußt wahrnehme, daß ich beobachte, wie mein Atem die Bewegungen begleitet. Beim Ausatmen stecke ich den Autoschlüssel ins Schloß, oder während ich den Gurt anschnalle, atme ich ein. Wenn es regnet, atme ich vielleicht im Rhythmus des Scheibenwischers ein und aus.

Zahllose Übungen der Achtsamkeit
Es gibt zahllose Handlungen im täglichen Leben, die wir auf spielerische Weise zur Übung der Achtsamkeit nutzen können. Sie können selbst Übungen in Ihrem Alltag finden.

Kürzlich habe ich für mich eine neue Übung erfunden, um die Gewohnheit und Unachtsamkeit zu durchbrechen. Ich versuche jedesmal, meine Autoschlüssel bewußt in meine rechte Jackentasche zu stecken, nachdem ich mein Auto abgeschlossen habe. Sie können sich vorstellen, wie oft ich diese Augenblicke verpasse; sich aber auf sie zu konzentrieren, ist eine gute Übung des Zen.

Ganz sein in jeder Handlung
All die tausend kleinen Gewohnheiten des täglichen Lebens bewußt zu erfahren, bewußt zu tun, bewußt zu erleben, ganz zu sein in jeder Handlung, in jeder Bewegung, mit Körper, Geist und Seele – das ist Zen.

Den Geist beruhigen

Bankei war ein sehr berühmter Zenmeister Japans. Eines Tages kam ein Zen-Schüler, der inzwischen Samurai geworden war, und klagte: »Meister, ich hab solch' ein unbeherrschtes Wesen. Wie kann ich meinen Geist zu Ruhe bringen?« »Du hast etwas sehr Seltsames«, antwortete Bankei, »zeige mir deinen unruhigen Geist. Bring' mir dein unbeherrschtes Wesen. Du hast etwas sehr Ernstes! Etwas Außerordentliches!« »Ich

*kann ihn dir jetzt nicht zeigen.« »Wann kannst Du ihn dann zeigen?«
»Das weiß ich nicht. Er kommt ganz unerwartet«, antwortete der Samurai. »Dann ist es nicht Deine eigene wahre Natur«, folgerte Bankei, »wäre es das, dann könntest Du mir diesen unruhigen, unbeherrschten Geist
jederzeit zeigen. So kann es aber nicht deine wahre Natur sein. Du hat-
test ihn nicht, als Du geboren wurdest, und deine Eltern haben ihn dir
nicht gegeben. Geh' und denke darüber nach.«*

*Unsere Gedanken
– ein »Tonband«
im Kopf*

Vor einigen Jahren besuchte ich in Kalifornien ein Sesshin (intensive
Übungsperiode, → Seite 64). Nach der Übung gingen wir in Palm
Springs ins Museum. Dort standen zwei menschliche Plastiken, die im
Kopf ein Tonband hatten. Sie nickten sich ständig zu, und in jedem Kopf
lief ununterbrochen das Tonband. Mir wurde plötzlich klar: Ja, so läuft
auch in unserem Kopf ein Tonband ab, ein immerwährendes Tonband.
Wir schauen unser Gegenüber an, unseren Nachbarn, unseren Mitmen-
schen oder wir liegen zu Hause und ruhen uns aus – aber in unserem
Kopf läuft ständig dieses Tonband.
Unser Geist ist unruhig. Er ist aber nicht unruhig durch äußere Geräusche
oder durch Krach. Der Geist ist unruhig durch uns selbst. Nicht von
außen wird der Geist beunruhigt, nicht durch den Krach eines Flugzeu-
ges oder der Autobahn, nicht durch die Geräusche am Arbeitsplatz oder
durch Kinder, die draußen spielen. Nein, wir lassen selbst dieses Tonband in unserem Kopf laufen: ständige Gespräche, ständige Vorstellungen, ständige Gedanken, ständige Auseinandersetzungen mit unseren
Gefühlen, ständige Beurteilungen und Stellungnahmen. Und wenn wir
uns innerlich »leer« fühlen, schalten wir den Fernseher an oder wir nehmen die Zeitung zur Hand. Und nachts kommen die Träume...

*Übung:
Beobachten Sie
Ihren Atem*

Eine Zenübung zur Beruhigung des Geistes ist das Beobachten des
Atems, das Sie gleich einmal ausprobieren können. Beobachten Sie,
wie Ihr Atem in Ihren Körper eindringt und wieder ausströmt. Beim
Zazen, dem traditionellen Sitzen im Zen (→ Seite 25), hilft einfach das
Zählen des Atems von eins bis zehn bei jeder Ausatmung: hm – eins, hm
– zwei, hm – drei, ..., hm – zehn. Dann beginnen Sie wieder von vorne. Oder Sie zählen bei jeder Ein- und Ausatmung: eins – eins, zwei –

zwei, drei – drei, …, zehn – zehn; anschließend wiederholen Sie das Zählen immer wieder von eins bis zehn, oder Sie zählen zurück von zehn bis eins (→ Seite 31). Es kann sein, daß Sie nicht weiter kommen als bis vier und in Gedanken vielleicht einige Zeit von Ihren Ferien schwärmen. Bemerken Sie dies, fangen Sie einfach wieder mit eins an, Ihren Atem zu zählen, ohne Ihr Abschweifen zu beurteilen – denn Gedanken sind wie weiße Wolken, die vorüberziehen. Denken Sie nicht, daß diese Übung ein Ziel hätte. Der Geist lernt mit Hilfe dieser Übung, sich auf die Handlung, auf den Augenblick zu konzentrieren, darauf, was wir in diesem Moment wirklich tun. Wir atmen, wir setzen unseren Fuß auf den Boden. Der Geist wird ruhig. Er schweift nicht mehr ab in die Vergangenheit, und er geht nicht in der Zukunft spazieren. Er überschlägt nicht den Augenblick, und er beurteilt ihn nicht. Das heißt, den Geist zu beruhigen. Das Zählen und Beobachten des Atems hilft uns dabei. Die Konzentration auf eine Handlung, die Konzentration auf den Atem beruhigt den Geist.

Gedanken hinterlassen keine Spur

Konzentriertes Handeln

Einst fragte ein Vinaya-Lehrer einen Zen-Meister: »Wie übst Du Zen in Deinem täglichen Leben?« Der Meister antwortete: »Wenn ich hungrig bin, esse ich. Wenn ich satt bin, spüle ich meine Eßschale. Wenn ich müde bin, schlafe ich.«
Der Lehrer erwiderte: »Das tut jeder. Übt also jeder Zen wie Du?« Der Zenmeister erklärte: »Nein, nicht in gleicher Weise.« Der Lehrer fragte: »Warum nicht in gleicher Weise?« Der Meister lächelte: »Wenn andere essen, wagen sie nicht zu essen. Ihr Denken ist angefüllt mit unendlich vielen Überlegungen. Darum sage ich: nicht in gleicher Weise.«

Tun Sie, was Sie tun

Ist der Geist beruhigt, handeln wir konzentriert. Wir tun nichts anderes als das, was wir gerade tun. Ob wir dabei schnell, unruhig, langsam, leise oder schnaufend atmen, ist nicht wichtig. Wichtig ist, daß wir es bemerken und es nicht bewerten. Wir sind eins mit der Handlung. Die Kunst beispielsweise, achtsam zu spülen, liegt darin, nichts anderes zu denken als: Ich fahre in diesem Augenblick mit einer Bürste über eine weiße Tasse, der Schmutz löst sich, die Tasse hat eine schadhafte Stelle, und das Wasser ist zu heiß für meine Hände. Meistens finden wir diese Tätigkeiten sehr langweilig. Wir denken lieber an das, was heute morgen war, was wir gleich tun wollen, an den Ausflug, den wir unternehmen möchten. Wir besprechen es mit unserem Partner, der uns mit Abtrocknen hilft. Unsere Münder plappern und plappern, und unsere Hände tun etwas ganz anderes: Sie waschen und trocknen wie Roboter. Wir nehmen nicht wahr, daß das Wasser zu heiß ist, daß die Bürste über die Tasse fährt, daß das Porzellan weiß ist und daß die Tasse eine schadhafte Stelle hat, sondern wir schmieden Pläne fürs Wochenende, wir reden über die Probleme, die wir an unserer Arbeitsstelle hatten. Aber die Probleme sind Vergangenheit. Was wir uns erzählen, ist nicht das, was jetzt passiert. Es ist das, was wir in unserem Geist wiederholen, was wir uns vorstellen. Unser Geist wird unruhig. Wir handeln geteilt und unkonzentriert. Die Achtsamkeit läßt nach und – die Tasse fliegt auf den Boden.

Zum Beispiel Geschirrspülen

Nichts erreichen wollen

Sie kennen bestimmt aus dem Buch »Momo« von Michael Ende die Geschichte von Beppo, dem Straßenkehrer. Beppo kehrt die Straße, Besenstrich für Besenstrich. Er schaut nicht nach dem Ende der Straße, wie lange es noch dauern wird, denn die Straße ist lang. Er macht einfach einen Besenstrich nach dem anderen. Vielleicht wird er heute gar nicht fertig. Vielleicht macht er morgen weiter, bis an das untere Ende der Straße, und dann ist sie am oberen Ende wieder schmutzig, und er beginnt übermorgen wieder, die Straße zu kehren. Aber hören Sie selbst: »Siehst Du, Momo«, sagte er dann zum Beispiel, »es ist so: Manchmal hat man eine sehr lange Straße vor sich. Man denkt, die ist so schrecklich lang; das kann man niemals schaffen, denkt man.« Er blickte eine Weile schweigend vor sich hin, dann fuhr er fort: »Und dann fängt man an, sich zu eilen. Und man eilt sich immer mehr. Jedesmal, wenn man aufblickt, sieht man, daß es garnicht weniger wird, was noch vor einem liegt. Und man strengt sich noch mehr an, man kriegt es mit der Angst zu tun, und zum Schluß ist man ganz außer Puste und kann nicht mehr. Und

»Dann fängt man an, sich zu eilen.«

15

*die Straße liegt noch immer vor einem. So darf man es nicht machen.«
Er dachte einige Zeit nach. Dann sprach er weiter: »Man darf nie an
die ganze Straße auf einmal denken, verstehst Du? Man muß nur an
den nächsten Schritt denken, an den nächsten Atemzug, an den nächsten Besenstrich. Und immer wieder an den nächsten.« Wieder hielt er
inne und überlegte, ehe er hinzufügte: »Dann macht es Freude; das ist
wichtig, dann macht man seine Sache gut. Und so soll es sein.«*

*Tun, was der
Augenblick
verlangt*

Dies bedeutet, nichts erreichen zu wollen – tun, was der Augenblick
verlangt, Schritt für Schritt, Besenstrich für Besenstrich.
Um dies einmal zu üben, können Sie sich eine Beschäftigung suchen,
bei der Sie gar nichts erreichen können. In unserer Leistungsgesellschaft
fällt es uns natürlich sehr schwer, ernsthaft und konzentriert etwas zu tun,
bei dem »nichts herausspringt«. Sogar unsere sogenannte Freizeit füllen
wir aus mit etwas »Nützlichem«. Wir können nicht mehr spielen wie Kinder, die am Abend aufhören und am nächsten Morgen wieder von neu-
em beginnen. Wir joggen oder treiben Sport, weil wir stärker, gesünder
oder was auch immer werden möchten. Wir sitzen in unserer Freizeit mit
gekreuzten Beinen, weil wir die Erleuchtung suchen. Aber Zen heißt, im
Augenblick zu spielen.
Zur Übung suchen wir also eine Arbeit, die wir heute nicht fertigbekom-
men, vielleicht auch morgen nicht. Wir denken nicht an das Ziel, weil es
zu weit weg ist. Vielleicht arbeiten Sie sogar an Ihrem Arbeitsplatz am
Fließband: Sie führen die gleichen Tätigkeiten immer wieder aus, Sie
machen die gleiche Handbewegung immer wieder, eine nach der ande-

*Die Arbeit
wird nie fertig*

ren. Das, was Sie morgens beginnen, wird abends nie fertig sein. Der
Arbeiter am Fließband kann tatsächlich nichts erreichen wollen. Und nur
dann, wenn er Zen übt und ein Zen-Mensch ist, kann er am Fließband
überleben. Dann macht er aus seiner Arbeit ein Spiel, er arbeitet ohne
Ziel und Gewinn – in Verbindung mit seinem Atem.

Unabhängig sein von allem

Durch Zen lernen wir, unabhängig zu werden von allem – unabhängig von Lob und Tadel, von Besitz oder Armut, von vergangenen oder von zukünftigen Augenblicken, von unseren Ideen, Vorstellungen und Vorurteilen.

Gelassenheit in einer dramatischen Situation

Der Zenmeister Hakuin wurde in seinem Dorf und in seiner ganzen Umgebung als ein sehr würdiger, weiser und ehrenhafter Mann geschätzt und geliebt. Einmal erwartete ein schönes, junges Mädchen aus seinem Dorf ein uneheliches Kind. Die Eltern waren sehr aufgeregt und sehr verärgert über die Schande, die das Mädchen der Familie gebracht hatte. Das Mädchen aber wollte nicht verraten, wer der Vater des Kindes war, es wollte ihn schützen. Die Eltern drängten und drängten und schließlich sagte es in seiner großen Not: »Meister Hakuin ist der Vater des Kindes.« Die Eltern wurden wütend! Sie gingen, nachdem das Kind geboren war, zu Meister Hakuin und legten es vor seinen Tempel. »Hier hast Du das Kind, dessen Vater Du bist!«
»So, so, ist das so?« antwortete Meister Hakuin ganz ruhig und gelassen, nahm das Kind und ging in seinen Tempel. Sein guter Ruf war dahin, aber er machte sich keine Sorgen darum. Er kümmerte sich um das kleine arme Würmchen, zog es groß und gewann es recht lieb. Von den Nachbarn erhielt er Milch und all die anderen Dinge, die ein Baby so benötigt. Er gab sich recht viel Mühe. Doch nach einem Jahr konnte die junge Mutter es nicht mehr länger aushalten. Sie erzählte ihren Eltern die ganze Wahrheit und den Namen des echten Vaters. Vater und Mutter schämten sich sehr und gingen zu Meister Hakuin, um sich bei ihm zu entschuldigen und um Verzeihung zu bitten. Sie sagten: »Es tut uns leid, wie wir uns Dir gegenüber verhalten haben. Unsere Tochter hat uns erzählt, daß Du nicht der Vater bist, sondern der junge Mann vom Fischmarkt.« Meister Hakuin nickte nur und sagte: »So, so, ist das so?« Sie nahmen ihr Enkelkind und gingen mit ihm nach Hause.

Meistens wollen wir immer gut und freundlich oder der Beste von allen sein. Nehmen wir als Beispiel einen Fußballspieler, den Torwart Uli

Stein. Er ist gut – er ist der Beste. Aber neulich ließ er einen Ball ins Tor, der einfach zu halten gewesen wäre, so einfach, daß die Situation im Fernseher dutzendmal wiederholt wurde. Sein eigener Kommentar war ein Zen-Kommentar: »Ich ließ den Ball durch, weil ich nicht im Augenblick konzentriert war. Ich war schon im nächsten Moment. Ich guckte, wo ich den Ball am günstigsten wieder ins Spiel bringen könnte, obwohl ich den Ball noch nicht fest in den Händen hatte.« Uli Stein war ruhig, als er dies dem Reporter erzählte. Er wies niemandem und nichts außerhalb von sich die Schuld zu. Er hatte den Moment analysiert: Er war

Unabhängig von Lob und Tadel

nicht konzentriert gewesen. Er grübelte nicht nach. Es war einfach so, wie es war. Jeder Sportler weiß: Heute werde ich gelobt, weil ich gut war; morgen bin ich unten durch.

Schauen wir uns selbst am Arbeitsplatz an. An einem Tag sind wir gut dran und werden von unserem Chef gelobt, am nächsten Tag haben wir Kopfschmerzen und liefern schlechte Arbeit.

Unabhängig zu sein von Lob und Tadel oder von unseren Vorstellungen, das heißt, daß wir jeden Moment so akzeptieren können, wie er kommt. Im nächsten Augenblick machen wir es besser oder auch schlechter – unabhängig davon, ob wir uns für unsere Leistung schämen, ob wir sie genießen, ob andere sie schätzen oder tadeln.

Eine alltägliche Übung wäre es, unseren Umgang mit den modernen Kommunikationsmitteln einmal zu untersuchen und unabhängig von ihnen zu werden.

Eine alltägliche Übung

Setzen wir uns vor den Fernseher, um uns abzulenken, weil die Familie es von uns verlangt oder weil es so gemütlich ist? Ist es eine von unseren festen Gewohnheiten, uns die Nachrichten anzuschauen, damit wir informiert sind und am Arbeitsplatz mitreden können? Wenn wir uns darin üben, diese Gewohnheit zu durchbrechen (ohne sie deshalb ganz aufzugeben), dann üben wir dadurch unsere Unabhängigkeit: Heute einmal nicht »Heute« gucken – das ist eine Zenübung.

Das Telephon klingelt. Es ist eine Zenübung, das Telephon ruhig klingeln zu lassen, uns selbst zu beobachten, ob wir dies aushalten, ob wir nicht zu neugierig sind zu erfahren, wer am anderen Ende der Leitung ist, ob wir unserer Beschäftigung in diesem Moment achtsam weiter nachgehen können. Atmen wir ein beim Klingelton des Telephons, atmen wir aus in der Zwischenpause. Spielen wir damit.

Ohne Bewertung Unabhängig sein von allem, einfach weiter gehen, Tag für Tag und ohne Bewertung einfach tun, was dieser Moment von Ihnen verlangt. Denn ob er gut ist oder schlecht, ob er Ihnen Glück bringt oder nicht, darum geht es nicht, das ist nicht das Leben. Das Leben ist, den Weg zu gehen, der im Augenblick vor Ihnen liegt.

Wege des Zen

Die Urfrage des Menschen

Die Betonung der Achtsamkeit, des Wachseins in jedem Augenblick, dies ist keine Erfindung unserer Zeit. Schon seit Jahrtausenden und in allen Kulturen und Religionen dieser Welt wird der Augenblick gepriesen. Wieso tun wir das? Seit eh und je suchen wir nach dem Sinn unseres Lebens und Sterbens. Was ist Leben? Was ist Sterben? Jeder von uns stellt sich irgendwann derartige Fragen.

Was ist Leben?
Was ist Sterben?

Kann *dieser Moment* uns Antwort geben auf solche wichtigen und drängenden Fragen? Es gibt keine eindeutige Antwort. Jeder von uns muß aus seiner eigenen Erfahrung heraus seine eigene Antwort finden. Es gibt Religionen, die bestimmte Antworten festgelegt haben. Aber sobald sie festgelegt sind, stimmen sie nicht mehr. Dann sind sie eine vielleicht schöne Theorie geworden, mit der die Gelehrten spielen können, doch von Theorien können wir nicht leben.

Ursprünge des Zen

Ch'an (Zen) ist als chinesische Antwort auf die festgefahrenen buddhistischen Theorien des 6. Jahrhunderts entstanden. Die Chinesen waren und sind praktisch, direkt, einfach und konkret. Deshalb benutzten die ersten chinesischen Zenmeister die alltägliche Sprache, die jeder chinesische Zuhörer verstehen konnte. Auffallend in der Entwicklung des Ch'an (des Zen, das seit dem 12. Jahrhundert auch in Japan geübt wird) ist, daß immer wieder abwechselnd zum einen in Schriften und Klöstern die alte Lehre Buddhas, zum anderen die alltäglichen Laien-Praktiken betont wurden. Von Hui-Neng (dem 6. chinesischen Zenpatriarchen) ist ein wunderbares Bild bekannt, auf dem dargestellt ist, wie er die heiligen Schriften zerreißt. Demgegenüber zeigen Bilder von traditionellen japanischen Zenklöstern die genauesten Vorschriften, wie Zenmeister und Zenschüler sich zu verhalten haben, um die letzten Fragen beantworten zu können. Für uns in unserer westlichen Kultur kann es reizvoll und manchmal sehr hilfreich sein, sich für kürzere oder längere Zeit einem traditionellen Zen-

Die Lehre
des Buddha

training in einem japanischen oder auch westlichen Zenkloster hinzuge-
ben. Es kann eine Art von Nährboden sein, aber wir möchten darauf
hinweisen, daß unsere eigentlichen Fragen, unsere Urfragen, nur im Alltag beantwortet werden können – nicht endgültig und für immer und
ewig, sondern allmählich reifend an unseren persönlichen Umständen,
sich immer wieder wandelnd durch neue Erfahrungen und Erkenntnisse.

*Der Alltag
beantwortet
unsere Fragen*

Über die traditionellen Wege

Um Ihnen die traditionellen Wege des Zen vorzustellen, gebrauchen wir
die japanische Terminologie. Sie wird auch in den alten Zenklöstern Japans und in neuen Zenzentren des Westens verwendet.

In einem Zenkloster üben die Zenstudenten mit der Hilfe eines Zenmeisters oder einer Zenmeisterin. Hier im Westen gibt es noch nicht viele
Zenmeister *(Rôshi)*, aber schon ziemlich viele Zenlehrer *(Sensei),* die von
ihrem Rôshi die Genehmigung oder den Auftrag bekommen haben, Zen
zu lehren.

*Studium
im Zenkloster*

Jeden Tag bekommen die Schüler die Gelegenheit, sich persönlich mit
dem Meister zu unterhalten im sogenannten *Dokusan* oder *Sanzen,* meistens nach bestimmten Ritualen und Regeln.

Der *Zendô* ist die Meditationshalle eines Klosters, in der in Stille auf eine
bestimmte Art und Weise *Zazen* (Sitzen, → Seite 25) und *Kinhin* (Gehen, → Seite 39) geübt wird. Je nachdem, wie groß das Kloster ist, werden in einer anderen Halle oder im Zendô von Zeit zu Zeit die *Sutras*
(alte Lehrschriften aus der Zeit Buddhas und danach, → Seite 47) rezitiert, begleitet vom Klang eines Gongs, eines *Makugio* (Holzfisch) oder
anderer Klang-Instrumente. Während eines *Sesshin* (intensive Übungsperiode über einige Tage oder auch Wochen) hält der oder die *Rôshi* (Zenmeister oder Zenmeisterin) jeden Tag im Zendô ein *Teishô* (Vortrag) über
ein *Kôan* (oft widersprüchliche Zengeschichten oder Zenfragen, die benutzt werden, um unser gewöhnliches Denkmuster – das »Tonband« im
Kopf – zu durchbrechen und unsere Einsicht zu vertiefen. Diese Einsicht
wird vom Meister im Zwiegespräch geprüft, → Seite 65). Manchmal
wird im Zendô auch gegessen und geschlafen. In manchen Klöstern

wird einmal pro Tag *Gyôdô* geübt, das heißt, es wird während Kinhin, der Gehmeditation, das Herz-Sutra rezitiert.

Zwei Zenschulen Es gibt zwei große Zenschulen: die *Sôtô-* und die *Rinzai-*Schule. In den Rinzai-Schulen werden *Kôan* als Hilfsmittel bei der Übung gebraucht. Im Sôtô sitzen die Übenden im Zendô mit dem Gesicht zu einer Wand. Im Rinzai sitzen sie mit dem Gesicht zur Mitte des Raumes. Dies gibt ein anderes Gefühl, ist aber selbstverständlich kein wesentlicher Unterschied. Falls Sie Bilder von einem traditionellen Zendô mit sitzenden Übenden gesehen haben, haben Sie vielleicht auch einen Mönch bemerkt, der mit einem Stock in der Hand umhergeht. Dieser Stock, der im Zendô beim Sitzen benutzt wird, heißt *Keisaku* oder *Kyusaku*. Er sieht sehr gefährlich aus, aber er ist nicht als Strafwerkzeug gedacht, sondern als Hilfsmittel zur Entspannung. Der Zenstudent kann durch ein Zeichen oder eine Verbeugung zeigen, daß er darum bittet, »geschlagen« zu werden. Der Mönch verbeugt sich ebenso und schlägt den Studenten aufmerksam und geschickt dreimal rechts und dreimal links auf die Akupunkturpunkte der Schultern. Der Student fühlt sich danach einige Zeit wach und entspannt.

Zur Abwechslung im Zentraining wird auch *Samu* geübt, das heißt Arbeit. Dies kann Körperarbeit im Garten, in der Küche oder beim Putzen sein. Schnell und geschickt, sehr aufmerksam und präzise, in unseren Augen fast pingelig führen die Übenden die Arbeit aus.

Man kann diese Arbeit als Übergang zum alltäglichen Leben betrachten.

Zenkünste Dies gilt auch für die vielen Zenkünste wie *Chadô* (Teezeremonie, → Seite 52), *Haiku* (dreizeilige Verse, → Seite 61) schreiben, *Kalligraphie* (Schreibkunst, → Seite 58), *Sumi* (Tuschemalerei, → Seite 58), *Ikebana* (Blumenstecken, → Seite 55), *Kendô* (Schwertfechten, → Seite 62) oder *Kyûdô* (Bogenschießen, → Seite 62). Im Gegensatz zur einfachen Arbeit sind diese Zenkünste streng ritualisiert.

Natürlich kann man nicht alle diese Künste üben. Man sagt, es gibt 10000 Tore, durch die wir zur Wachheit gelangen können, aber schließlich brauchen wir nur durch ein Tor zu schlüpfen, um einzusehen, daß es überhaupt kein Tor gibt.

Über alte Wege – neu begangen

Von Anfang an haben uns die Zenmeister aber auch immer wieder gesagt, daß Zen das alltägliche Leben ist.

Dabei erinnere ich mich an ein Erlebnis. Ich besuchte im Herbst einmal meinen alten Lehrer, der damals weit über 80 Jahre alt war, und fand ihn in seinem Garten auf einer Leiter stehend. Er pflückte in einem hohen Baum Äpfel. Er kam herunter, begrüßte mich und fragte: »Möchtest Du einen Korb Äpfel haben?« Natürlich freute ich mich darüber, und er sagte: »Dann werde ich Dir einen Korb Äpfel pflücken.« Ich widersprach: »Nein, nein, das kann ich doch selbst!« Er aber nahm den Korb und stieg auf den hohen Baum. Ich stand völlig hilflos unten und mußte zuschauen. In diesem Moment fiel mir die Geschichte von dem alten, chinesischen Zenmeister Hyakujô ein.

Ein Tag ohne Arbeit, ein Tag ohne Essen

Im Alter von 80 Jahren arbeitete er noch immer gemeinsam mit seinen Schülern im Garten, spatete, harkte, fuhr das Unkraut zum Kompost, pflückte das Obst von den Bäumen und erntete das Gemüse. Eines Tages beschlossen die Mönche, daß ihr Meister nun zu alt für die schwere Gartenarbeit sei. Sie versteckten seine Arbeitsgeräte. An diesem Tag aß der Meister nichts. Am nächsten Tag aß er nichts und ebenso wenig an den darauffolgenden Tagen. Die Mönche begriffen, daß sie einen Fehler gemacht hatten und brachten Hyakujô seine Gartengeräte zurück. An diesem Tag arbeitete der Meister bis zum Abend im Garten und er aß tüchtig zu jeder Mahlzeit, so als sei nichts gewesen. Dann sprach er einen bis heute sehr berühmten Lehrsatz: »Ein Tag ohne Arbeit, ein Tag ohne Essen.«

Meditation im Alltag

Dies bedeutet nicht, daß wir arbeitseifrigen Menschen hier in Europa uns keinen Ruhetag und keine Ferien gönnen dürfen. Es geht vielmehr um etwas anderes. Zen bedeutet das alltägliche Leben. Zen – Meditation – kann aus dem Alltag nicht ausgeklammert und auf das Meditieren im Sitzen, im Zazen, reduziert werden. Zen bedeutet, in unserem Tagesablauf, bei unserer alltäglichen Arbeit zu üben und nicht nur morgens und abends für uns allein in einem ruhigen Raum auf einem Kissen zu sitzen.

Deshalb haben bis heute alle großen Zenmeister, die in diesem Jahrhundert vom Osten in den Westen kamen, um uns das Zen zu lehren, sich zuerst mit unseren Lebensgewohnheiten vertraut gemacht.

Nyogen Senzaki, einer der ersten Zenmeister, die von Japan in die USA kamen, hatte von seinem Meister Soyen Shaku den strengen Auftrag, 17 Jahre lang in den USA zu leben und zu arbeiten wie ein normaler Bürger, ehe das »Z« vom Worte »Zen-Buddhismus« über seine Lippen kommen durfte. Der vietnamesische Zenmeister Thích Nhât Hanh lebte zehn Jahre zurückgezogen in Frankreich, ehe er seine Lehrtätigkeit in der westlichen Welt begann. Dann aber schenkte er uns unter anderem die »Gehmeditation« – Zen beim Spazierengehen (→ Seite 39).

Zenwege im Westen

Wenn wir Zen üben möchten, brauchen wir also nicht die alten, traditionellen asiatischen Pfade des Zen zu gehen und beispielsweise Bogenschießen, Judô oder T'ai Chi zu üben. Wir können ebenso gut tanzen, Golf oder Tennis spielen, Fußball spielen, schwimmen oder joggen. Wir müssen nicht unbedingt chinesische Zeichen kalligraphieren, wir können auch mit dem Computer schreiben und die Finger über die Tasten spazieren lassen. Beim Autofahren oder beim Telephonieren ist Zen ebenso möglich wie bei der Zubereitung einer Pizza.

Es kommt nicht darauf an, *was* der Zen-Mensch tut, es kommt vielmehr darauf an, *wie* er es tut. Ob ich Blumen stecke oder ein Motorrad fahre, das ist nicht entscheidend.

Zum Abschluß dieses Kapitels noch eine kleine Anekdote von Jôshû Sasaki Rôshi, einem nun 86jährigen japanischen Zenmeister, der in Kalifornien lebt und vor etwa 35 Jahre aus Japan in die Staaten kam. Als er gefragt wurde, warum er nach Amerika gekommen sei, erklärte er den Reportern: »Ich bin nicht gekommen, um Zen zu lehren, sondern um die Amerikaner das Lachen zu lehren.« Und noch heute schallt sein warmes Lachen durch die ganze Welt! Wenn Sie also einem Zenlehrer begegnen, der keinen Humor hat, seien Sie bitte vorsichtig.

Ohne Humor kein Zen

Traditionelle Wege

Sitzen – Zazen

Von Anfang an hat uns an Zen fasziniert, daß der Weg des Geistes so »körperlich« ist. Aber vielleicht hat uns am meisten begeistert, daß die Zen-Buddhisten eine erstaunlich einfache Methode des »Nur-Sitzens« entwickelt haben, mit deren Hilfe wir zu der Erkenntnis kommen können, daß das Spirituelle, der Geist, sich in unserem Körper vollkommen ausdrückt. Es gibt keine Stelle im Körper, in der sich der Geist nicht befindet. Wir Menschen im Westen lokalisieren unseren Geist im Kopf oder bestenfalls im Herzen, aber andere Kulturen haben erkannt, daß der Geist sich überall im Körper ausdrückt.

Der Geist drückt sich im Körper aus

Ihr »Meditationsraum«

Wenn Sie mit Zen anfangen wollen, dann beginnen Sie mit Sitzen – dies ist die Grundlage! Sie können in einer Zen-Gruppe üben, falls eine solche in Ihrer Nähe ist, oder, wenn Ihnen dies lieber ist, auch alleine. Suchen Sie sich einen ruhigen Platz in Ihrem Haus oder in Ihrer Wohnung, an dem Sie von anderen Mitbewohnern oder vom Telephon nicht gestört werden.

Ein ruhiger Platz in der Wohnung

Sie nehmen sich vor, daß dieser ruhige Platz Ihr Meditationsraum ist. Legen Sie eine Decke oder eine Matte auf den Boden – die Hülle am besten aus einem Naturprodukt wie Baumwolle, die Maße 70 mal 90 Zentimeter und mit Baumwolle oder Schafwolle gefüllt. Legen Sie ein Kissen oder stellen Sie ein Bänkchen darauf. Auch das Kissen soll, wenn möglich, aus Naturprodukten hergestellt sein: die Hülle aus Baumwolle oder Seide, gefüllt mit Kapok, Baumwolle, Buchweizenhülsen oder Dinkelspelt. Die Maße des Kissens: rund, mindestens 10 Zentimeter hoch und 30 Zentimeter im Durchmesser. In manchen (Rinzai-)Schulen werden rechteckige Kissen (35 mal 50 Zentimeter) benutzt.

Bänkchen oder Kissen

Sie können auch ein Bänkchen nehmen. Der Sitzteil steht schräg, der niedrige Teil ist vorne, ungefähr 11 bis 13 Zentimeter hoch, der höhere Teil ist 13 bis 16 Zentimeter hoch. Die Sitzfläche sollte mindestens 40 mal 12 Zentimeter betragen. Sie können natürlich auch ein höheres Bänkchen benutzen, wenn dies für Ihre Körpermaße oder für Ihre Gelenke angenehmer ist. Die Füße des Bänkchens können einklappbar gemacht sein, damit Sie es einfacher auf Reisen mitnehmen können. (Bezugsstelle für Meditationsartikel, → Seite 92.)

Falls Sie betonen möchten, daß der ruhige Platz im Haus oder in der Wohnung Ihr Meditationsraum ist, können Sie mit einem Bild, einer Blume, einer Kerze oder mit Räucherstäbchen eine besondere Atmosphäre schaffen (→ Foto Seite 28). Außerdem sollten Sie bequeme Kleidung (aus Baumwolle oder Wolle) für Ihr Meditieren bereitlegen.

»Nichts Heiliges« Bedenken Sie aber bitte: Zen meint, »nichts Heiliges« zu sein, und etwas »Heiliges« sollten wir dann auch niemals daraus machen. Wenn Weihrauch oder ein Bild Ihnen aber beim Üben helfen, dann sollten Sie diese Hilfsmittel auch einsetzen.

Als Hilfsmittel gilt auch, daß Sie eine Verbeugung machen, bevor Sie sich auf Ihr Kissen oder Ihr Bänkchen setzen. Wählen Sie eine Sitzhaltung, die Ihren körperlichen Möglichkeiten entspricht. Auf Seite 33 haben wir verschiedene Sitzhaltungen für die sogenannten Anfänger unter uns ausführlich beschrieben. Wir sagen »sogenannte Anfänger«, weil wir einerseits immer und ewig Anfänger bleiben, andererseits, sobald wir einmal gesessen haben, keine Anfänger mehr sind (ohne je das Gefühl zu haben, »Fortgeschrittene« zu sein!).

Stillsitzen – was geschieht dabei?

Die Frage stellt sich natürlich immer: Was macht man während des Sitzens?

Erstens versuchen Sie, so still wie möglich zu sitzen (→ Foto Seite 28). Nicht nur deshalb, um Ihre »Mit-Sitzer« nicht zu stören (wenn Sie in einer Gruppe üben). Still zu sitzen, ist vor allem deshalb wichtig, damit Sie beobachten können, was in Ihnen geschieht, wenn Sie nicht abgelenkt werden von den »1001 Dingen« in der Welt. Wie bewegt sich Ihr Atem, wie ist Ihre Haltung, wie fliegen Ihre Gedanken hin und her? Später, nach einigen Monaten regelmäßigen Übens, können Sie vielleicht beobachten, wie Sie ein wenig ruhiger werden, wie Gefühle in Ihnen aufsteigen und wieder verschwinden, wie Schmerzen (alte, bekannte oder neue) aufkommen und wieder nachlassen oder auch schlimmer werden, wie Geräusche (von Vögeln oder Flugzeugen) oder Gerüche (von Weihrauch oder Blumen) in Sie eindringen und wie Sie auf all dies reagieren.

Zweitens versuchen Sie, so aufrecht wie möglich zu sitzen (→ Seite 34). Still und gerade zu sitzen, ist die einfachste Form, um das »Wach-im-Leben-Sein« zu üben, um so bewußt wie möglich *diesen* Augenblick zu erleben. Obwohl in der Zen-Literatur gesagt wird, daß *»Eine-Minute-Zen«* für die Veränderung des ganzen Universums ausreicht, begegnen wir dieser einen Minute niemals, wenn wir nicht längere Zeit und regelmäßig üben.

Auf jeden Fall hilft das stille, gerade Sitzen, sich selbst in seiner Umwelt zu beobachten. Langsam, aber sicher lernen wir zu sehen, wie wir im Laufe unseres Lebens geformt und verformt wurden. Wir sind schief oder krumm gezogen oder wir haben beim Gehen unser Kinn und unsere Brust übertrieben nach vorne geschoben. Mögliche Ursachen hierfür sind unsere Ideen und Vorstellungen, unsere körperliche und geistige Verfassung, die Enttäuschungen und »Prügel«, die wir erfahren haben, unsere Glücksvorstellungen und Phantasien oder zufällige Situationen, in denen wir uns befinden. All diese Voraussetzungen, Vorstellungen, Enttäuschungen haben sich irgendwie in unserem Körper festgesetzt und schränken unsere Lebendigkeit ein. Meistens merken wir dies erst, wenn wir ein

Beobachten, was geschieht

Erkennen der eigenen Verformung

Magengeschwür oder einen Herzinfarkt bekommen. So weit brauchen wir es nicht kommen zu lassen. Wir können durch das stille Sitzen eine feinere Wahrnehmung für unseren Körper entwickeln, so daß wir früher einer Krankheit vorbeugen können. Das ist sehr wichtig, aber noch wichtiger ist, daß alte Erfahrungen, die wir nicht verarbeitet haben, langsam »aufgeweicht« werden, aufkommen und sich auflösen können wie Seifenblasen.

*Die Wahr-
nehmung
verfeinern*

Im Laufe der Zeit sind wir so vertraut geworden mit dem Ballast, den wir mitschleppen. Unser Ich wird möglicherweise heftig protestieren, wenn wir in der Zeit des stillen Sitzens versuchen, unsere Narben zu sehen und unsere Wunden zu heilen. Es mag sein, daß die Beobachtung dieses Prozesses uns anfangs fasziniert, aber wir müssen damit rechnen, daß wir wirkliche körperliche und seelische Schmerzen bekommen.

*Schmerzen
können auftreten*

Dann haben wir natürlich die Neigung, alle »Schuld« außerhalb von uns zu suchen und uns nie mehr mit so etwas wie »Zen« beschäftigen zu wollen.

Das ist eine Möglichkeit, aber es wäre schade, wenn wir dies täten, denn wir befinden uns schon auf dem Weg. Wenn wir jetzt das Üben »abhaken«, müssen wir irgendwann aufs neue versuchen, eine andere Öffnung zu finden, die uns aus dem Dickicht unseres Lebens herausführt. Denn diese kleine Stimme in uns, die uns dazu brachte, mit Zen anzufangen, wird niemals mehr schweigen.

Annehmen, was ist

Wir erwähnten schon, daß während des stillen Sitzens allerlei Gedanken, Gefühle oder Phantasien in uns aufsteigen. Manche mögen interessant sein, manche abschreckend, manche langweilig. Die Übung besteht darin, daß wir alles, was in uns aufsteigt, ohne Vorurteil und ohne Bewertung beobachten. Gedanken oder Gefühle kommen hoch! Das ist alles! Gedanken oder Gefühle verschwinden auch wieder und neue kommen! Es interessiert den Spiegel überhaupt nicht, ob Sie sich in ihm spiegeln oder ob eine Fliege vorbeikommt. Ein Spiegel oder eine glatte Wasserfläche beherrschen die vollkommene Kunst, alles anzunehmen, was in diesem Moment auftaucht. Deshalb wird der Spiegel den Zen-

*Ohne Bewertung
beobachten*

schülern immer wieder als Vorbild hingehalten. Dabei heißt es vor allem zu lernen, die Dinge so zu nehmen, wie sie sich zeigen. Es gilt, nichts nach eigenen, beschränkten Einsichten zu verformen. Dies bezieht sich vor allem auf Dinge, die sich in der Vergangenheit abgespielt haben, aber auch auf den gegenwärtigen Augenblick.

Irrtümer beim Üben

Zen bedeutet nicht Gleich-gültigkeit

Es ist ein großer Irrtum zu glauben, daß wir durch Zen zu einem »Brocken Gleichgültigkeit« werden. Die Zenübung führt zum Wachsein, zum möglichst bewußten Leben. Welche Handlung aus dieser Bewußt-werdung erfolgt, gehört in die eigene Verantwortung. Zenlehrer meinen, daß Mitgefühl eine logische Folge des wachen Lebens ist. Sie schreiben es uns jedoch nicht als eine Art verpflichtender Nächstenliebe vor. Wir selbst tragen die Verantwortung dafür, daß wir nicht in schönen Gefühlen, in »Erleuchtungs-Erfahrungen« oder ähnlichem steckenblei-ben. Wir müssen zurückkehren ins aktive Leben, ins sozial-engagierte Leben – sonst sollten wir uns besser gleich alle Mühen der Zenübung ersparen.

Der Geist der Leere

Ein anderer, häufiger Irrtum ist zu glauben, daß wir etwas erreicht hät-ten, wenn wir imstande sind, unsere Gedanken für eine bestimmte Zeit zu stoppen, und zu meinen, daß damit die in der Zen-Literatur vielgelob-te »Leere« eingetreten wäre – jener Zustand, in dem alle Bindungen an das Irdische verloschen sind. Gedanken zu stoppen, ist ein Kunststück, ein Trick, den jeder, dessen Gedanken ihn zwanghaft quälen, gerne können möchte. Aber es ist wirklich nicht mehr als ein Trick. Der buddhi-stische Begriff »Leere« umfaßt sehr viel mehr und ist viel breiter, tiefer und wunderbarer! Wir können hier nicht auf das Wesen der Leere eingehen, denn das würde zu weit führen.

Natürlich atmen

Um das stille Sitzen und das Beobachten zur Übung des Wachwerdens zu machen, können wir ein wichtiges Hilfsmittel benutzen: den *Atem be-obachten* beziehungsweise die Ein- und Ausatmungen *zählen*. Dabei beobachten wir im Grunde genommen die Atem*bewegung* im Körper. Wir spüren, daß die Einatmungsbewegung im Bauch in den Muskeln des Zwerchfells beginnt. Nach einiger Zeit des Übens, können wir die Fortsetzung dieser Bewegung durch den ganzen Körper erspüren. Die Bewegung schwillt während der Einatmung an und löst sich während der Ausatmung allmählich auf. Zwischen Ein- und Ausatmung sowie zwischen Aus- und Einatmung können natürliche Atem-Pausen entstehen. Versuchen Sie nicht, etwas an dem zu ändern, was Sie beobachten – nicht an der Länge des Einatmens, des Ausatmens oder an den Pausen dazwischen! Atmen Sie nicht schneller oder kräftiger, und halten Sie den Atem nicht an! Wenn Sie achtsam sind, wissen Sie nur: Jetzt atme ich kurz ein, oder jetzt atme ich lang ein; ich atme kurz aus oder atme lang aus. Es ist gut so, wie es ist! Falls Ihr Atem-Rhythmus sich ändert, ist es wieder gut so, wie es ist!

Es ist ratsam, sich vor allem auf die Atembewegung im Bauch zu konzentrieren. Erstens wird dadurch Ihr Schwerpunkt in den Bauch verlagert. Zweitens ist die Bewegung im Bauch am besten spürbar, auch wenn der Atem ganz flüchtig geworden ist. Drittens ist im Bauch der Sammelpunkt unserer Lebensenergie.

Die Atmung beobachten

Konzentrieren Sie sich auf Ihren Bauch

Die Atemzüge zählen

Für viele Menschen ist das Beobachten des Atems nur möglich, wenn sie ihre Atemzüge zählen. Für uns aus dem »Westen«, die wir im allgemeinen eine starke Einatmung gegenüber einer schwachen Ausatmung haben, empfiehlt es sich, nur die Ausatmungen zu zählen. Während der ersten Ausatmung zählen Sie »eins«, während der zweiten Ausatmung »zwei« und so weiter bis »zehn«; dann beginnen Sie wieder mit »eins«. Wichtig dabei ist, daß Ihr Atem-Rhythmus nicht vom Rhythmus Ihres Zählens bestimmt wird!

Während dieser Übung merken Sie vielleicht plötzlich, daß Sie nicht weiter als bis drei gekommen und dann gedanklich beispielsweise im Flugzeug nach Amerika gereist sind. Sobald Sie sich dieses »Seitensprungs« bewußt sind, beginnen Sie einfach wieder von eins an zu zählen. Es geht überhaupt nicht um Leistung. Dies wäre auch völlig nutz-

Der Atem-Rhythmus bestimmt das Zählen

los: Jeder Mensch kann von eins bis zehn zählen! Nur werden Sie mit der Zeit selbst zur Eins, zur Zwei, zur Acht; Sie werden zur Einheit mit dem, was Sie tun – dafür kauft sich allerdings niemand etwas! Trotzdem ist es eine Übung, mit der Sie den Weg zur letzten Weisheit gehen können!

In alten Schriften steht, daß man auch die Einatmungen zählen kann. Versuchen Sie es einmal. Wenn Sie merken, daß Sie zur Minderheit der Menschen aus dem Westen gehören, die eine schwache Einatmung gegenüber einer starken Ausatmung haben, können Sie natürlich diese Übung ändern und nur die Einatmungen von eins bis zehn zählen. Mit der Zeit werden Sie die Pausen zwischen den Aus- und Einatmungen bemerken und diese Ruhephasen genießen. Die Dauer einer Atem-Pause spielt keine Rolle.

Möglichkeiten der Sitzhaltung

Je nach Ihren körperlichen Möglichkeiten können Sie für Ihr Üben eine der nachfolgend beschriebenen Sitzhaltungen wählen. Für einen stabilen Sitz ist wichtig, daß beide Knie den Boden berühren. Falls Sie das bei den Sitzhaltungen, in denen Sie die Beine verschränken, nicht schaffen, können Sie sich auf ein zweites Kissen setzen oder etwas unter die Knie legen.

Der Volle Lotussitz

Aufrecht sitzen

Für die meisten Menschen aus dem Westen ist der Volle Lotussitz der schwierigste. Aber schließlich ist er der stabilste. Im Vollen Lotussitz sind Sie fest im Boden verankert. Nur Ihr Atem und Ihre Blutzirkulation sorgen dafür, daß ein wenig feine Beweglichkeit in Ihnen bleibt. Sie brauchen keine Angst zu haben, daß Sie steif werden und schwer wie ein Stein. Wenn Sie wirklich wie eine Lotosblume sitzen, sind Sie von einer zarten Schönheit, die aus dem Schlamm aufblüht, als hätten Sie noch nie etwas von der Schwerkraft gehört.
Sie legen Ihren rechten Fuß auf den linken Oberschenkel und den linken Fuß auf den rechten Oberschenkel, so daß Ihre Fersen nahezu Ihre Leisten berühren. So zeigen Ihre Fußsohlen in Richtung Himmel. Am besten gewöhnen Sie sich daran, mit bloßen Füßen zu meditieren, dann werden Ihre Fußsohlen offen für den Energiestrom sein (→ Foto oben links, Seite 35).

Der Halbe Lotussitz

Wechseln Sie die Beinstellung

Sie legen Ihren linken Fuß auf den rechten Oberschenkel und den rechten Fuß unter den linken Oberschenkel oder andersherum (→ Foto oben rechts, Seite 35). Wahrscheinlich bevorzugen Sie eine von beiden Möglichkeiten. Aber trotzdem ist es besser, nach einiger Zeit die Beinstellung zu wechseln, denn sonst zieht Ihr Becken und dadurch Ihr Rücken langsam in eine Richtung, und Sie sitzen schief. Nach einiger Zeit des Übens werden Sie genau so gut mit rechts auf links wie mit links auf rechts sitzen können – wechseln Sie einfach in jeder Sitzperiode. Dies gilt übrigens für jede Sitzposition, in der Sie die Beine kreuzen.

Der Schneidersitz

Die linke Fuß liegt unter der rechten Wade, der rechte Fuß unter der linken Wade oder umgekehrt. Wichtig: Im Zazen sitzen Sie immer auf einem Kissen, Bänkchen oder Stuhl.

Der Diamantsitz

Legen Sie hierzu zwei Kissen aufeinander und setzen sich mit angewinkelten Beinen rittlings darauf, die Füße zeigen nach hinten, die Fußsohlen weisen nach oben. Wenn der Untergrund weich genug ist (Matte mit Baumwoll- oder Schafwollfüllung), vermeiden Sie zuviel Schmerzen in den Spannen und Knien, und Sie sitzen trotzdem stabil.

Der Sitz auf dem Bänkchen

Knie und Sitz-
knochen bilden
ein Trapez

Zu vergleichen mit dem Diamantsitz ist das Sitzen auf einem Bänkchen, wobei die Unterschenkel unter den Sitz geschoben werden. Achten Sie darauf, daß Sie die Knie nicht gegeneinander drücken, sondern sie so weit auseinander lassen, daß sie mit den Sitzknochen eine Art Trapez bilden – dadurch wird die Stabilität des Sitzens vergrößert (→ Foto hintere Umschlagseite).

Der Stuhlsitz

Sie können auch meditieren, wenn Sie auf einem Stuhl sitzen. Es ist dabei aber schwieriger, gerade zu sitzen, weil wir uns daran gewöhnt haben, eher »entspannt« zu hängen als zu sitzen. Sie können sich eine stabile Haltung geben, indem Sie die Füße in Hüftbreite flach auf den Boden stellen, drücken Sie die Knie wieder nicht gegeneinander.

Aufrecht sitzen

Finden Sie
Ihre Mitte

Sobald Sie Ihre Sitzhaltung gewählt haben – die bequemste nach Ihrem körperlichen Vermögen –, spüren Sie, wie Sie auf Ihren Sitzknochen sitzen. Sie machen mit dem Oberkörper einige leichte Schaukelbewegungen nach links und nach rechts, bis Sie Ihre Mitte gefunden haben. Drücken Sie Ihr Becken etwas nach vorne und nach hinten (spüren Sie Ihre Sitzknochen), und finden Sie auch hier die Mitte. Bedenken Sie, daß es genau so schlecht für Ihre Gesundheit ist, mit einem Hohlkreuz zu sit-

Möglichkeiten der Sitzhaltung:
Der Volle Lotussitz (oben links),
der Halbe Lotussitz (oben rechts),
der Schneidersitz (unten links),
der Diamantsitz (unten rechts).
Probieren Sie aus, in welcher dieser Haltungen Sie für längere Zeit (etwa 25 Minuten) gut sitzen können.

Auf den Abbildungen unten sehen Sie zwei typische Fehler:
Den Schneidersitz müssen Sie mit einem Kissen unter dem Gesäß ausführen, damit die Knie den Boden berühren!
Im Diamantsitz dürfen die Knie nicht so eng aneinander liegen, sondern müssen etwa schulterbreit auseinander sein.

**Die Haltung
der Hände:**
Die linke Hand liegt
in der rechten, die
Daumenspitzen
berühren sich leicht.
Halten Sie die
Daumen auf Höhe
des Bauchnabels.

zen wie mit einem krummen Rücken. Dann richten Sie Rücken, Nacken und Kopf so gerade wie möglich auf. Heben Sie Ihr Brustbein ein klein wenig, ohne dabei ein Hohlkreuz oder eine »Soldatenbrust« zu machen.

*Spüren Sie
Ihren Atemraum*

Spüren Sie, wieviel Raum zum Atmen Sie dadurch bekommen. Vor allem Frauen haben in unserer Kultur die Neigung, mit einer eingedrückten Brust durchs Leben zu gehen. Spüren Sie, ob Ihre Ohren senkrecht über Ihren Schultern und Ihre Schultern senkrecht über Ihren Hüften sind. Sie können Ihren Kopf ein wenig hin und her schaukeln, um die Mitte zu finden. Ihre Nase ist senkrecht über Ihrem Nabel.

Die Hand- und Armhaltung

Ihre Hände halten Sie mit den kleinen Fingern an Ihren Bauch, die Handinnenflächen zeigen wie die Fußsohlen nach oben. Die linke Hand ruht in der rechten, während die Daumenspitzen sich leicht berühren. Die Daumen werden waagerecht in kleinem Abstand vom Bauch gehalten, genau auf Höhe des Nabels. Sie formen mit den Zeigefingern

*Ein Mudra
ist ein Symbol*

ein wunderschönes Oval: das universelle *Mudra*. Sie drücken alles aus in diesem äußerst subtilen und empfindlichen Mudra. Außerdem betont dieses Mudra Ihren körperlichen Schwerpunkt, den Sitz Ihrer Lebensenergie.

Falls Sie jetzt bemerken, daß Ihre Schultern hochgezogen sind, versuchen Sie dies in Ihren Ellbogen zu korrigieren, nicht durch Verschiebung Ihrer Hände nach unten. Sie können Ihre Ellbogen als Scharniere betrachten und bewegen, um Ihre Schultern zu entlasten. Ihre Hände sollen bleiben, wo sie sind, obwohl die Verführung groß ist, sie auf die Oberschenkel zu legen. Dies gäbe eine neue Spannung in Armen und Schultern, und außerdem würden Sie Ihre Mitte nicht spüren können.

Halb geschlossene Sinne

Mitte zwischen Innen und Außen

Ihre Augen sind halb geschlossen: genau zwischen weit geöffnet und geschlossen. Das ist gleichsam ein Symbol Ihrer inneren Einstellung: Nicht die Außenwelt ist das einzig Wichtige (Augen weit geöffnet), und nicht Sie selbst sind das einzig Wichtige (Augen geschlossen). Ihr Blick richtet sich ungefähr einen Meter vor Ihnen auf den Boden. Auf dieselbe Weise halten Sie auch Ihre anderen Sinne »halb-offen«. Lassen Sie alles zu, aber richten Sie Ihr Hören nicht auf die Geräusche, Ihr Riechen nicht auf die Düfte in Ihrer Umgebung.

Dauer und Beenden des Sitzens

Halten Sie sich an Ihren Vorsatz

So sitzen Sie eine Weile so still wie möglich. Wenn Sie alleine sitzen, ist es ratsam, sich an eine feste Sitzdauer zu halten, zum Beispiel 25 Minuten. Versuchen Sie, diese Zeit weder zu unter- noch zu überschreiten. Sitzen Sie nicht kürzer, wenn es Ihnen schwerfällt, aber auch nicht länger, wenn es Ihnen gefällt. Ist die Viertelstunde vorbei, verbeugen Sie sich und bewegen Ihren Körper überall ein bißchen: Reiben Sie leicht Ihre Hände, bewegen Sie Ihre Schultern, Ihren Kopf, Ihr Becken, lösen Sie Anspannungen in Ihren Beinen, massieren Sie Ihre Füße, und stehen Sie danach vorsichtig auf. Falls Sie merken, daß Ihr Fuß oder sogar Ihr ganzes Bein eingeschlafen ist, nehmen Sie sich etwas mehr Zeit, um Ihren Kreislauf wieder in Gang zu bringen.
Es gibt Lehrer und Lehrerinnen, die ein sofortiges Aufstehen nach dem Sitzen bevorzugen, und nach einiger Übung geht dies meistens auch ohne Probleme. Aber wir bevorzugen die Schule, die die physischen Herausforderungen nicht übertreibt, so daß wirklich jeder mitmachen kann.

Sitzen in einer Gruppe

Wenn Sie in einer Gruppe sitzen, brauchen Sie nicht auf die Zeit zu achten, da diese von dem oder der »Vor-Sitzenden« bestimmt und durch Glockenklang und Holzschläge angegeben wird. Für das Sitzen in einer Gruppe sind bestimmte Regeln festgelegt. In den zwei bekanntesten Zen-Schulen (Sôtô und Rinzai) funktionieren diese Regeln seit altersher, um im Zendô (Meditationsraum) alles ruhig ablaufen zu lassen, ohne daß man zu reden oder Hinweise zu geben braucht.

*Regeln verein-
fachen
den Ablauf*

Wenn Sie in den Zendô hineingehen, verbeugen Sie sich, während Sie Ihre Handinnenflächen ungefähr auf Brusthöhe (so wie die betenden Hände von Albrecht Dürer!) aneinanderlegen. In Zenkreisen, die von Japan beeinflußt sind, nennt man diesen Gruß »*gasshô*«.

Sie verbeugen sich in Richtung des Raums oder, falls sich darin ein Altar, ein Bild oder eine Vase mit Blumen befinden, in diese Richtung. Dann gehen Sie ruhig zu dem für Sie bestimmten Platz. Aber gehen Sie immer an der Seite entlang, niemals quer durch den Raum. Das ist eine Sache der Höflichkeit, des Respekts vor dem Raum: Die Leere des Raumes bleibt so möglichst unversehrt.

*Unterschiede in
den Schulen*

Vor Ihrer Matte machen Sie (nach der Rinzai-Schule) wiederum eine Verbeugung in Richtung des Raums, um sich sodann mit dem Gesicht zum Raum zu setzen. In der Sôtô-Schule verneigen Sie sich vor Ihrem Kissen und setzen sich mit dem Gesicht zur Wand gewandt.

Nehmen wir an, daß wir so über Jahre hinaus üben, dann können wir langsam immer mehr »mit offenem Visier im Hier-und-Jetzt leben«, wie es so schön in einem Slogan heißt.

*Zu seiner natür-
lichen Haltung
finden*

Es ist jedem möglich, mit dieser einfachen Übung des stillen, aufrechten Sitzens die Verbindung zu seiner natürlichen Haltung, die er als Kind hatte, wieder herzustellen. Wir hatten eine offene, vorurteilslose, neugierige Haltung und ... wir saßen, ohne einen Gedanken daran zu verschwenden, vollkommen gerade!

Gehmeditation – Kinhin

Das wahre Wunder besteht nicht darin, auf dem Wasser zu wandeln, sondern auf der Erde zu gehen. (Nhât Hanh)

Die nächste Grundübung des Zen ist Kinhin, die Gehmeditation. Niemand hat so klar und einfach den »Gehweg« beschrieben wie der vietnamesische Zenmeister Thích Nhât Hanh in dem Buch *Der Geruch von frischgeschnittenem Gras, Anleitung zur Gehmeditation* (→ Seite 91). Aber wir sollten nicht vergessen, daß er es erst 40 Jahre lang selbst geübt hat, bevor er es in Worte umsetzte und andere lehrte. Und er übt es noch immer – jeden Tag, jede Nacht. Ja, auch nachts, wenn er aufsteht, um zur Toilette zu gehen, übt er Gehmeditation. Wenn er aus seiner Hütte kommt, um sich den Vollmond anzuschauen, übt er Gehmeditation. Als er während unserer Pilgerfahrt in Indien (1988) durch das untiefe Wasser des Flusses in Bodhgaya zum anderen Ufer watete – barfuß, mit hochgekrempelten Hosenbeinen –, übte er Gehmeditation. Wenn er auf dem Flugplatz zum Flugzeugtreppchen geht, übt er Gehmeditation. Er sagt es nicht, aber man sieht es ihm an.

Meditation bei jeder Gelegenheit

Er übt die Gehmeditation nicht nur im Zendô, sondern bei jeder Gelegenheit, überall.

Wahrscheinlich gehen und stehen wir an einem Tag länger als wir sitzen, obwohl wir das Gefühl haben, den ganzen Tag zu sitzen! Wir denken, daß wir nicht viel gehen, *weil wir nicht bewußt gehen.*

Gehen beim Gehen

Was ist so besonders an der Gehmeditation? Nichts, absolut nichts! Wieso können wir dann sehen, ob jemand Gehmeditation übt oder nicht? Wir schreiben doch: »Er sagt es nicht, man sieht es ihm an«. Dann muß es sichtbar sein, und das ist es auch. Aber etwas Besonderes, etwas Außergewöhnliches ist es nicht. Das Kennzeichen ist nicht, daß wir langsamer gehen oder wider die Natur erst die Fußspitzen, dann die Fersen auf den Boden setzen oder daß wir die Knie hochziehen. Nein, Kinder machen es, ohne es zu wissen oder es benennen zu

Natürlich gehen

können. Marathonläufer machen es, Sergej Bubka macht es, wenn er Anlauf nimmt zu seinem nächsten Weltrekord im Stabhochsprung! *Es* ist »sichtbar« an dem Schwerpunkt unserer Aufmerksamkeit! Wenn unser Schwerpunkt hoch liegt (im Kopf, wie üblich), dann schweifen unsere Gedanken weit ab in die Ferne. Wir sind nicht achtsam, nicht wach, nicht voll konzentriert auf das, was sich in diesem Augenblick in uns und um uns her abspielt. Wenn aber unser Schwerpunkt in unserem Bauch liegt, fällt er zusammen mit unserem physikalischen, mit unserem körperlichen Schwerpunkt. Dann fällt unser Tun mit unseren Gedanken in einem Punkt zusammen. Dann träumen wir nicht, dann schweben wir nicht im Himmel, nicht in der Vergangenheit oder in der Zukunft. Dann »meditieren« wir, das heißt, dann sind wir wach und voll konzentriert, dann leben wir völlig im Moment, im Augenblick, in diesem Schritt.

Denken und Tun sind eine Einheit

Den Schwerpunkt verlagern

Sie können, wenn Sie möchten, im Nu den Schwerpunkt Ihres Körpers vom Kopf in den Bauch verlagern. Dazu bringen Sie Ihre Aufmerksamkeit in Ihren Bauch, und dort ist sofort auch der Schwerpunkt. So einfach ist das. Ist der Schwerpunkt dort, sind Sie voll konzentriert, sind Sie voll in Aktion. Körper, Geist und Seele treffen in einem Punkt zusammen. Das ist sichtbar in der Art Ihres Gehens, und man wird Ihnen ansehen, wie schön das wirkliche Gehen des Menschen ist.

Ebenso ist es wahr: Sobald Sie im Moment wach und anwesend sind, ist Ihr Schwerpunkt im Bauch, ist Ihre Aufmerksamkeit im Bauch. Was kommt zuerst: der Schwerpunkt oder das Wachsein? Beides gehört gleichzeitig zusammen, zu dem gleichen Phänomen, »nicht mit den Gedanken irgendwo anders zu sein«. Es geht nicht darum, daß wir nicht denken sollten. Denken ist eine wunderbare Fähigkeit von uns. Die Betonung liegt darauf, »nicht irgendwo anders zu sein«. Das bedeutet, daß wir nicht grübeln über das, was auf uns zukommen könnte, oder über das, was anders hätte sein sollen, oder darüber, was andere tun, oder … oder …

Gelenkte Aufmerksamkeit

Es geht darum, daß wir gehen, wenn wir gehen, und sitzen, wenn wir sitzen. Gehmeditation heißt also, daß wir *»gehen beim Gehen«* und nicht etwas anderes in Gedanken tun, während unser Körper geht.

Anspannung und Entspannung

Wie sollen wir gehen, wenn wir gehen? Es ist eigenartig, daß dies für uns eine Frage geworden ist. Als Kind taten wir es einfach, aber wir erinnern uns nicht mehr daran. Wir haben es »verlernt«. Wenn wir möchten, können wir es wieder lernen – durch stetes Üben. So wie ein Triathlet übt, der – wie Mark Allen – sich zum Ziel gesetzt hat, das Triathlon *Ironman auf Hawaii* zu gewinnen. Mark Allen, der dieses Triathlon schon drei Mal gewonnen hat, sagt: »Dafür muß ich zwei Dinge ins Gleichgewicht bringen: Anspannung und Entspannung.«

Dies gilt genau so für unsere Übung des achtsamen Gehens oder für unsere Übung des wachen Sitzens, des wachen Autofahrens, des wachen Geschirrspülens, des wachen Tennisspielens oder des wachen Buchlesens. Wir werden niemals wach, wenn wir nur die Seite der Anspannung üben. Wir werden auch nie wach, wenn wir nur die Seite der Entspannung üben. Wenn wir 24 Stunden pro Tag »sitzen« oder trainieren würden, dann würden wir uns nur verkrampfen und allen Spaß verlieren. Wenn wir uns nur entspannen, schaffen wir es auch nicht. Dann werden wir so schwer wie ein Kind, das während der Rückfahrt nach Hause im Auto eingeschlafen ist und dann von Papa nach oben getragen werden soll. Es geht einfach nur darum, Anspannung und Entspannung ins Gleichgewicht zu bringen. Wie üben wir dies? Machen Sie einmal eine Faust, und spannen Sie die Hand- und Armmuskeln stark an. Dann lassen Sie plötzlich alle Muskeln los; Ihre Hand hängt jetzt schlaff herunter. Nun versuchen Sie, die Hand zu einer lockeren Faust zu formen: Spannen Sie die Handmuskeln gerade so stark an, daß die Hand die Form einer Faust annimmt. Die Spannung in Ihrer Hand liegt zwischen Anspannung und Entspannung, sie befindet sich im Gleichgewicht.

Gleichgewicht von Anspannung und Entspannung

Gedanken sind wie Wolken

Gedanken sind wie Wolken, sie kommen und gehen und hinterlassen keine Spur.
Bisher sprachen wir von der Kunst, den Schwerpunkt vom Kopf in den Bauch zu verlagern, und von der Kunst, Anspannung und Entspannung

ins Gleichgewicht zu bringen. Es spielt eine dritte Kunst beim Wachwerden mit, und zwar »die Gedanken mit dem Tun in Ein-Klang zu bringen«. Ein Reporter (in Sports 10/92) fragte Mark Allen: »Was macht Ihr Kopf während des Rennens? Denken Sie an Ihre Frau, an den nächsten Urlaub, an Probleme?« Und Allen antwortete: »Nein, ich schwimme, laufe oder fahre Rad.« Dies ist die beste Zen-Antwort, die er geben konnte! Er fügte hinzu: »Und nur daran denke ich. Wenn ich anfange, weiter zu denken, verliere ich meine Energie ... Wenn ein Gedanke hochkommt, wiederhole ich ihn immer wieder, oder ich fange an zu zählen.« Genau so üben Zen-Menschen schon mehr als 2000 Jahre! Beim Sitzen wiederholen sie einen Satz (zum Beispiel das Mantra *Om mani padme hum*, → Seite 47) oder ein Kôan (zum Beispiel *Mu: Hat ein Hund Buddha-Natur oder nicht?* → Seite 65), *oder sie zählen ihren Atem. Beim Gehen zählen sie im Rhythmus ihrer Schritte ihre Einatmung und Ausatmung.*

»Wenn ich denke, verliere ich Energie.«

Loslassen

Eine andere Kunst in der Gehmeditation ist das »Loslassen«. Was aber sollen wir loslassen? Oft wird behauptet, daß wir unser Ich loslassen sollten, aber was kann das bedeuten? Den Unterdrückten unter uns (Schwarzen, Armen, Alten, Frauen, Zigeunern) haben wir schon längst das Ich genommen, und dennoch sind sie meistens nicht wach geworden.

Loslassen ist sicher auch etwas, das mit Zulassen, Sein-Lassen zu tun hat, mit einem Sich-in-den-Strom-Hineinfügen. Sollte dies heißen, daß wir die Kriege auf unserer Erde zulassen, daß wir das Leid von Abermillionen hungernder Kinder in der Dritten Welt zulassen, es sein lassen? Daß wir die Vergewaltigungen von Frauen und Kindern oder die Drogen-Mafia-Systeme einfach zulassen? Daß wir das Leid, die Tränen, die Aussichtslosigkeit in ihnen und in mir einfach zulassen?

Was bedeutet loslassen?

Wenn kein soziales Engagement gefordert wäre, würden wir gerne auf die »Kunst des Loslassens« verzichten, nur um schön gehen zu können. Die »Kunst des Loslassens« besteht darin, im Vertrauen auf die eigenen natürlichen Fähigkeiten zu handeln. Loslassen, Sein-Lassen, Zulassen ist etwas, das mit »Nichts-Wollen« zu tun hat, in dem Sinne, daß wir nicht wollen, den Rest unseres Lebens auf unseren Händen zu gehen statt auf unseren Füßen.

Peter Ripota sagte im P.M. Magazin (Nr. 4/1989) : »Deinen Willen dem Körper anvertrauen«. Ihr Körper weiß, wie das Gehen geht! Es ist unsere menschliche Bestimmung, auf unseren Füßen zu gehen und nicht auf unseren Händen. Unser persönliches Ich ist hierbei gar nicht gefragt. Wenn ein Baby so weit ist, daß es nach der Periode des Krabbelns versucht, auf den eigenen Beinen zu stehen, dann gehorcht es seiner menschlichen, von Körper und Geist gesteuerten Bestimmung. Wir sollten auch später unsere Bestimmung spüren, unsere Bestimmung leben, das heißt, unseren eigenen Weg suchen, unseren eigenen Weg finden und ihn gehen.

Vertrauen in die natürlichen Fähigkeiten

Viele von uns haben irgendwann gemerkt, daß sie im Leben festgefahren sind. Wir haben das Gefühl einer Mauer um uns herum, wie in einem Kerker gefangen zu sein. Wir können nicht frei atmen. Wir fühlen einen schweren Druck auf uns lasten. Wenn dieser Druck schwer genug geworden ist, und wenn wir genug Mut haben, genau hinzuschauen, sehen wir, daß sich im Laufe der Zeit viele verstandesmäßig aufgebaute Fremd-Bestimmungen um unser Ich herum niedergelassen haben. – Sei es, daß sie von unserer Umgebung (Erziehung, Schule, Arbeitsmöglichkeiten, Gottesvorstellung) oder von uns selbst dorthin gebracht wurden. Diese Art von Bestimmungen beengen uns wie eine Korsage.

Fremd-Bestimmungen engen uns ein

Die Kunst des Loslassens besteht darin, uns von dieser Korsage zu befreien, zu lernen, ohne sie zu gehen und zu stehen. Das kann bedeuten, daß wir ganz neu, wie ein kleines Kind, lernen müssen zu gehen, dann aber mit bewußten Schritten.

Den eigenen Weg gehen

In Kontakt
mit allem

Haben wir gelernt, uns von allen Bestimmungen, die gar nicht zu uns gehören, zu befreien, spüren wir eine wunderbare Erleichterung. Keine Mauer mehr um uns herum! Offenheit – Weite! In Kontakt mit allen und allem! Frei, überall und nirgends hinzugehen! Wir spüren, wie der Wind durch uns hindurch weht, wie das Leben durch uns hindurch lebt. Das ist alles! Wir spüren, daß mein Weg auch Ihr Weg ist, daß mein Weg der Weg des Kosmos ist. Die Kunst ist es, *meinen Schritt voll zu gehen*. Dann gibt es kein Ziel mehr. Dann bin ich in meinem Schritt angekommen.

Schritt vor Schritt
– manchmal zögernd –
geh' ich über die Brücke
zwischen Nichts und Nirgendwo...

Gehmeditation im Freien

Gehen und
Atmen verbinden

Gehmeditation im Freien zu üben, ist nicht an bestimmte Regeln gebunden, außer daß Sie versuchen, gerade zu gehen und Ihre Arme nicht »wegzuschleudern«. Ihre Hände können Sie auf dem Rücken zusammenlegen oder in Ihre Kleidertaschen stecken, damit Sie Ihre Energie bei sich behalten. Ihre Augen sind wie beim Sitzen halb offen und etwa zwei Meter vor Ihnen auf den Boden gerichtet. Dann sehen Sie noch genug, um nicht zu stolpern, und wenig genug, um nicht ständig abgelenkt zu werden.
Beginnen Sie damit, Ihren Atem zu beobachten, ohne etwas an seinem Rhythmus zu ändern. Danach zählen Sie Ihre Schritte während eines Atemzugs. Vielleicht machen Sie vier Schritte beim Ausatmen und drei beim Einatmen. Jeder Rhythmus ist in Ordnung. Es geht nur darum, daß Sie sich Ihres eigenen Rhythmus bewußt sind. Spüren Sie Ihre Füße auf dem Boden. Es ist nicht notwendig, Lotosblumen unter Ihren Füßen zu pflanzen, es genügt bei uns in Europa, Gänseblümchen bei jedem Schritt aufblühen zu lassen.

Beachten Sie manchmal Ihre Haltung. Ist sie gerade? Wie halten Sie Ihren Kopf – gerade, gebeugt oder schief? Eine gerade Haltung können Sie allerdings nicht erzwingen. Sich Ihrer augenblicklichen Haltung bewußt zu werden, ist das Wichtigste! Erst dadurch können sich allmählich im Körper festgesetzte Ideen, Vorstellungen, Erwartungen oder Enttäuschungen lösen. Langsam werden Sie Ihre natürliche Haltung (die Sie als Kind hatten) wiederfinden. Dann ist Ihr Schwerpunkt im Bauch, und Sie können frei atmen. Vielleicht ändert sich Ihr Atem-Rhythmus von alleine. So, wie es ist, ist es gut.

Gehmeditation in der Gruppe

Wenn wir in einem Zenkloster oder in einem Zenzentrum Gehmeditation (Kinhin) üben, müssen wir uns an bestimmte Regeln und Formen halten. In einer Gruppe passen wir uns den Gewohnheiten der Gruppe oder des Lehrers an. Es kann sein, daß man schnell oder sehr langsam geht oder abwechselnd schnell und langsam. Nicht *unser* Wunsch, sondern die Gewohnheit oder Laune des Vorgängers der Gruppe ist für den Rhythmus maßgebend. Das hat seine Vorteile: Wir brauchen nicht nachzudenken, und wir lernen, unsere eigene Laune oder Vorstellung nicht so wichtig zu nehmen.

Beim Kinhin halten wir unsere Hände zwischen Brustbein und Bauch an unseren Körper. Für die Haltung der Hände gibt es verschiedene Möglichkeiten: Entweder legen Sie beide Hände mit den Handinnenflächen flach an den Körper, oder Sie schließen die linke Hand zur Faust und umfassen sie mit der rechten; legen Sie so beide Hände etwa auf Brustbeinhöhe an den Körper (→ Foto hintere Umschlaginnenseite).

Auch beim Kinhin achten Sie auf Ihren Atem, Ihre Haltung, Ihre Füße und die Zahl Ihrer Schritte. Sobald Sie durch Gedanken abgelenkt werden, wackeln Sie! Auch dies beobachten Sie nur – und gehen weiter.

Sitzen und Gehen, Zazen und Kinhin, sind die wichtigsten Grundübungen beim Zen. Manche Meister sagen, daß diese beiden Übungen »ausreichen, um alles zu erreichen«. Wirklich alles: Gesundheit, innere Freiheit, Frieden mit sich selbst und seiner Umgebung, Selbstkenntnis und Weisheit.

Obwohl schon des öfteren betont wurde: »Zen spielt sich im alltäglichen Leben ab«, sollten wir nicht den Fehler machen und glauben, wir könnten auf diese beiden grundlegenden Übungen verzichten – auch wenn kein normaler Mensch hier im Westen im Alltag so sitzt.

Sutras rezitieren

*Spannungen
im Körper
lösen sich*

Es gibt im Zen noch andere Übungen, die kein normaler Mensch im Alltag ausführt. Neben dem Gehen und Sitzen ist das Rezitieren von Sutras die dritte grundlegende Übung, wach zu werden. Über die Stimme können wir Spannungen in unserem Körper lösen und in die Tiefe unseres Wesens eindringen. Sutras zu rezitieren, ist zudem eine wunderbare Übung für Stimme, Atem und Haltung.

Was sind Sutras?

*Lehrreden
des Buddha*

»Sutra« ist das Sanskritwort für »Leitfaden«. Sutras enthalten die Lehrreden des Buddha, weshalb sie in vielen buddhistischen Schulen rezitiert werden. In den Texten gibt es viele Unterschiede, vor allem deshalb, weil die Lehrreden (mit vielen Kommentaren) erst 300 Jahre nach Buddhas Lebzeiten aufgeschrieben und so viele verschiedene Ansichten und Auslegungen in die Texte eingearbeitet wurden. Aber es gibt unter den Buddhisten keinen Streit um die Richtigkeit der Texte. Im Gegenteil, der Buddhismus ist die einzige spirituelle Schule, in der es gilt, die eigene Wahrheit nicht als absolut anzusehen. Zen ist – wie schon gesagt (→ Seite 20) – aus dem Buddhismus in China als Reaktion gegen alle Schriften und Theorien entstanden. Lange Zeit hielt man in den Zenklöstern nicht viel von Sutras – Huineng, ein berühmter chinesischer Zenmeister, hat sie einmal zerrissen –, dennoch sind sie immer wieder Bestandteil der Zen-Unterweisung gewesen. Dadurch ist immer noch ein (manchmal sehr dünner) Faden zwischen Zen und Buddhismus geblieben. Trotzdem brauchen wir kein Buddhist zu sein, um Zen zu üben, und wir brauchen auch kein Buddhist zu sein, um die Sutras zu rezitieren. Auch in christlichen Klöstern werden bei Zenübungen Sutras rezitiert.

Alleine üben

Die Sutras, die wir in unserem Zenzentrum gebrauchen, sind Sanskrit-Texte, die »verjapanischt« sind, aber auch japanische Texte. Weil Sanskrit und Japanisch einsilbige Sprachen sind, lassen sie sich gut in einer Tonhöhe rezitieren.

Außerdem, da die meisten von uns kein Sanskrit oder Japanisch kennen, brauchen wir uns auch nicht mit dem Inhalt der Texte zu beschäftigen. Dadurch können wir besser auf unseren Atem, unsere Stimme, auf die Laute, die Vokale und auf unsere Haltung achten.

So rezitieren Sie Sutras

Die Übung verläuft so: Sie sitzen wie beim Zazen aufrecht auf einem Kissen oder Bänkchen so gerade wie möglich und achten auf Ihren Atem. Halten Sie das Sutra-Buch mit beiden Händen auf Brusthöhe vor sich, so daß Sie lesen können, während Sie aufrecht sitzen. (Heft mit ausgewählten Sutras, → Seite 91.) Manche Meister rezitieren die Sutras sehr schnell. Meister Jôshû Sasaki zum Beispiel ist bekannt dafür, daß er die Sutras am schnellsten von allen Zenmeistern in Amerika rezitiert, mit einer Stimme so tief, daß niemand es nachahmen kann. Sie brauchen das natürlich nicht zu können. Sie rezitieren so schnell, daß Sie die Silben ohne zu stolpern aussprechen können, Ihre Stimme ist dabei so tief, wie es Ihnen möglich ist.

Tief zu rezitieren, hat seinen Sinn. Je tiefer unsere Stimme ist, desto tiefer lösen sich in unserem Körper Spannungen und Blockaden. Mit der Zeit rezitieren wir die Sutras frei und locker und sitzen trotzdem wie ein Fels. Wie gesagt, enthalten die (meisten) Sutras die traditionellen Lehrreden von Buddha, meistens in zusammengefaßter Form. Es gibt auch sehr kurze Formen von Sutras, zum Beispiel *Om Mani Padme Hum.* Statt der längeren Sutras können Sie auch diese vier Worte einige Male hintereinander zu Beginn und/oder am Ende des Sitzens rezitieren. Es wirkt genau so tief, weil darin alle fünf Vokale – a, e, i, o, u – vorkommen. Der Spruch *Om mani padme hum* stammt aus dem tibetischen Buddhismus und bedeutet: *O, Juwel im Lotos!*

Wenn Sie möchten, rezitieren Sie ein Sutra einmal am Tag. Manche Sutras werden einige Male hintereinander rezitiert. Es gibt mehrere deutsch- und englischsprachige Übersetzungen der wichtigsten Sutras.

Ein japanisches Sutra ist das »Bodhisattva-Gelübde«. Es wird dreimal sehr langsam rezitiert:

Langsam
rezitieren

SHI KU SEI GAN MON
SHU JO MU HEN SEI GAN DO
BO NO MU JIN SEI GAN DAN
HO MON MU RYO SEI GAN GAKU
BUTSU DO MU JO SEI GAN JO

Die Übersetzung lautet:

Die vier Bodhisattva-Gelübde
Zahllos sind die Lebewesen, ich werde nicht ruhen, bevor sie alle frei sind.
Zahllos sind die Bindungen, ich werde nicht ruhen, bevor ich sie alle gelöst habe.
Zahllos sind die Dharma-Worte, ich werde nicht ruhen, bevor ich sie alle verstanden habe.
Zu leben wie ein Buddha ist unsagbar schwer, ich werde nicht ruhen, bevor ich es gelernt habe.

Gyôdô

In diesem Zusammenhang möchten wir Ihnen auch die Übung von *Gyôdô* erklären. *Gyô* bedeutet im Japanischen Sutra und *dô* der Weg oder gehen. Mit Gyôdo ist gemeint: »Sutra rezitieren während Kinhin«. Als Sutra wird hierfür immer das Herz-Sutra gebraucht:

Das Herz-Sutra

MAKA HANNYA HARAMITA SHIN GYO
KAN JI ZAI BO SA GYO JIN HAN NYA HA RA MI TA JI SHO
KEN GO UN KAI KU DO IS SAI KU YAKU SHA RI SHI SHIKI
FU I KU KU FU I SHIKI SHIKI SOKU ZE KU KU SOKU ZE
SHIKI JU SO GYO SHIKI YAKU BU NYO ZE SHA RI SHI ZE
SHO HO KU SO FU SHO FU METSU FU KU FU JO FU ZO
FU GEN ZE KO KU CHU MU SHIKI MU JU SO GYO SHIKI

49

MU GEN NI BI ZETS SHIN NI MU SHIKI SHO KO MI SOKU
HO MU GEN KAI NAI SHI MU I SHIKI KAI MU MU MYO
YAKU MU MU MYO JIN NAI SHI MU RO SHI YAKU MU RO
SHI JIN MU KU SHU METSU DO MU CHI YAKU MU TOKU I
MU SHO TOK KO BO DAI SAT TA E HAN NYA HA RA MI
TA KO SHIN MU KE GE MU KE GE KO MU U KU FU ON
RI IS SAI TEN DO MU SO KU GYO NE HAN SAN ZE SHO
BUTSU E HAN NYA HA RA MI TA KO TOKU A NOKU TA RA
SAN MYAKU SAN BO DAI KO CHI HAN NYA HA RA MI TA
ZE DAI SHIN SHU ZE DAI MYO SHU ZE MU JO SHU ZE MU
TO DO SHU NO JO IS SAI KU SHIN JITSU FU KO KO SETSU
HAN NYA HA RA MI TA SHU SOKU SETSU SHU WATSU GYA
TE GYA TE HA RA GYA TE HARA SO GYA TE BO DHI SOWA
KA HAN NYA SHIN GYO

Die Übersetzung lautet:

*Bodhisattva Avalokiteshvara, tief im Strom der vollkommenen Weisheit,
durchleuchtet die fünf Skandhas und findet sie gleichermaßen leer. Dies
durchdringend, überwindet er alles Leiden.*
*»Höre, Shariputra, Form ist Leere, Leere ist Form, Form ist nicht verschie-
den von Leere, Leere ist nicht verschieden von Form. In derselben Weise
gilt dies für Empfindungen, Wahrnehmungen, Formen des Geistes und
Bewußtsein.*
*Höre, Shariputra, alle Dharmas sind durch Leere gekennzeichnet; weder
entstehen sie, noch vergehen sie, sie sind weder unrein noch rein, weder
zunehmend noch abnehmend. Daher gibt es in der Leere weder Form,
noch Empfindung, noch Wahrnehmung, noch Formen des Geistes, noch
Bewußtsein; kein Auge oder Ohr oder Nase oder Zunge oder Körper
oder Geist, keine Form, keinen Klang, keinen Geruch, keinen Geschmack,
keine Berührung, keine Wahrnehmung des Geistes; keinen Bereich der
Elemente (vom Bewußtsein der Augen bis zum Bewußtsein des Geistes);
kein bedingtes Entstehen und kein Erlöschen dessen (von Unwissenheit
bis zu Tod und Verfall); kein Leiden, keinen Ursprung des Leidens, kein
Erlöschen des Leidens, keinen Weg; kein Erlangen.*

Weil es kein Erlangen gibt, finden die Bodhisattvas, gestützt auf die Vollkommenheit der Weisheit, keine Hindernisse in ihrem Geist. Keine Hindernisse erlebend, überwinden sie die Angst, befreien sich selbst für immer von Täuschung und verwirklichen vollkommenes Nirvâna. Alle Buddhas der Vergangenheit, Gegenwart und Zukunft erreichen, dank dieser vollkommenen Weisheit, vollständige, wahre und universale Erleuchtung.
Daher erfahre, daß vollkommene Weisheit ein großes Mantra ist, das höchste Mantra, das Mantra ohnegleichen, das alles Leiden tilgt, die unbestechliche Wahrheit. Daher verkünde das Mantra der Prajñâparamitâ. Dies ist das Mantra: Gehend, gehend, den ganzen Weg hinübergehend, alle hinübergehend zum anderen Ufer. Erleuchtung!«

Sie können aber auch, wenn Ihnen das Christentum vertrauter ist, »Kyrie eleison« rezitieren. Mit jedem langsamen Schritt wird eine Silbe rezitiert.

In der Gruppe üben

So achtsam wie möglich

In einer Gruppe wird die erste Zeile von jedem Sutra vorgesungen, den Rest rezitiert die Gruppe so achtsam wie möglich zusammen. Der Rhythmus wird durch Klopfen eines Makugyo (Holzfisch) angegeben, während Anfang und Ende jedes Sutra mit einem Gong angekündigt werden. Der Klang eines großen Gongs ist wunderbar und hilft sehr, aufmerksam zu bleiben.

51

Der Teeweg – Chadô

Tee ist nichts anderes als:
Erst kochst du das Wasser,
Dann bereitest du den Tee,
Dann trinkst du aufmerksam.
Das ist alles, was du wissen mußt.
Rikyu

Einfachheit –
Frucht strenger
Disziplin

So beschreibt und beschreitet der berühmte Teemeister Sen Rikyu den Teeweg (japanisch: Chadô). Es gibt viele Beispiele für Zenmeister, die die Fähigkeit hatten, äußerst einfach auszudrücken, was sie nach jahrelanger, strengster Disziplin erreicht hatten. Für alle Zen-Künste in Japan galt und gilt noch heute, daß man lernen muß »wegzulassen.« Aller Ballast wird nach und nach abgeworfen.

Der Zen-Mensch lernt zu sehen, was zum Wesen der Dinge gehört und was überflüssig ist. Deshalb müssen wir uns immer vor Augen halten, daß der Weg zur Einfachheit mühsam, Schritt für Schritt begangen werden muß.

Chadô ist einer der wichtigsten Zenwege geworden. Dies ist nicht besonders erstaunlich, da Zen mehr als jede andere Lebensphilosophie betont, daß der Sinn der Existenz im täglichen Leben entdeckt werden kann.

Der Zen-Schüler P'ang sagte: »Meine täglichen Beschäftigungen sind ganz gewöhnlich, bloß bin ich auf natürliche Art und Weise in Harmonie mit ihnen. Ich hole Wasser aus dem Brunnen. Ich trage Brennholz.«
So ist es nicht verwunderlich, daß eine Tasse Tee zu trinken uns zur tiefen Weisheit führen kann. Verwunderlich ist nur, daß die Teezeremonie im Vergleich zum Blumenstecken, zur Gartenarchitektur oder zur Kalligraphie erst viel später, nämlich im 16. Jahrhundert, zur Zenkunst wurde.

Der Schöpfungs-
akt ist wichtig

Anders als in den westlichen »schönen Künsten« ist im Zen nicht das Kunstwerk als Ergebnis wichtig, sondern der Schöpfungsakt, in dem der Künstler zeigt, wie tief der Zustand seiner Wachheit ist. Deshalb lädt der Künstler Zuschauer, Zuhörer oder Gäste als aktive Teilnehmer an der

Vorbereitungen für das Ausführen einer traditionellen japanischen Teezeremonie.

Erfahrung seines Erwachens ein. Auch der Teemeister lädt Gäste zur Teezeremonie ein, die gemeinsam mit ihm die Zeremonie des Erwachens feiern.

Traditionelle Teezeremonie

Der heute praktizierte »Teeweg des Zen« geht zurück auf Sen Rikyu (1522 bis 1591). Er setzte den Geist des Teeweges gleich mit den vier Grundprinzipien: Harmonie, Achtung, Reinheit und Stille.

Die Prinzipien des Teeweges

Die traditionelle Teezeremonie spielt sich in einem kleinen, einfachen Zimmer ab. Ehe die Gäste hereinkommen, ziehen sie ihre Schuhe aus und verbeugen sich vor dem Raum, in dem nichts anderes vorhanden ist als die Sitzkissen, der Wasserkessel, eine Kalligraphie an der Wand und Blumen in der Vase. Die Gäste setzen sich schweigend auf ihr Kissen. Erst dann kommt die Gastgeberin herein. Sie trägt das Tablett mit den restlichen Gegenständen, die für die Teezeremonie notwendig sind, und setzt sich vor den Wasserkessel mit dem kochenden Wasser. Sie prüft alle Gegenstände sorgfältig und beginnt mit der Zubereitung des Tees. Der grüne Tee wird in jeder Tasse mit einem dicken Bambuspinsel im heißen Wasser geklopft, um das Teepulver aufzulösen. Die Gäste bekommen einzeln ihre Tasse Tee mit einem sehr süßen Keks und trinken ihn ruhig und schweigend. Sie genießen nicht nur Tee und Keks, sondern den ganzen Raum, die Atmosphäre. Die Einfachheit des Ablaufs bei der Teezeremonie ist bemerkenswert. Jede Handlung wird sehr langsam und bewußt in der Stille des Raumes vollzogen.

Erst wenn Sie eine Teezeremonie selbst mitgestalten, werden Sie bemerken, wie lang und schwer der Weg zur Einfachheit der Handlungen ist.

Einfachheit und Stille

Teezeremonie in Europa

Auch Sie können eine Teezeremonie mit Ihren Freunden gestalten, und selbstverständlich können Sie statt Tee auch Kaffee trinken (→ Seite 85). Denn weder die traditionell festgelegten Regeln für die Ausübung der Zeremonie noch die Art der benutzten Utensilien sagen etwas über das Wesen des Teeweges. Der Geist des Teeweges bringt das Sosein des Augenblicks wie ein Spiegel klar und rein zum Ausdruck.

Wie bei allen Zen-Künsten geht es letztlich um die Harmonie zwischen Ihren Handlungen, Ihrem Atem und Ihrer Geisteshaltung. Die Reinheit einer einfachen Handlung soll in ihrer Vollkommenheit ausgedrückt werden. In unserem Tun, im Trinken einer Tasse Tee, wird die Einheit der körperlichen Gebärden mit der geistigen Haltung und dem augenblicklichen seelischen Befinden des Teetrinkers ausgedrückt. Er zeigt, wie tief er beim Trinken mit Tasse und Tee zur Einheit verschmilzt. Dabei schließt er die Gäste und den Raum ein.

Dem japanischen Vorbild nach- empfunden

Wenn Sie in Europa an einer der traditionellen japanischen Teezeremonie nachempfundenen Teezeremonie teilnehmen möchten, haben Sie dazu verschiedene Möglichkeiten. Beispielsweise werden in München über die Sommermonate Zeremonien abgehalten, die der Öffentlichkeit zugänglich sind (fragen Sie nach bei der Verwaltung des Englischen Gartens, Englischer Garten 2, 80538 München; dort erfahren Sie auch Adressen von anderen europäischen Teehäusern).

Blumenstecken – Ikebana

Die Technik des Blumensteckens erfreut sich bei uns bereits großer Beliebtheit. Sie können sich bei guten Floristen, in vielen verschiedenen Büchern und auch in Kursen an Volkshochschulen über die Technik des japanischen Blumensteckens informieren.

Die Kunst des Blumensteckens besteht im Handeln, im Tun. Wie vollkommen können Sie mit dieser Tätigkeit einswerden und sich darin ausdrücken?

Die Kunst des Weglassens

Die hohe Kunst des traditionellen Ikebana ist ein Zenweg wie der Teeweg, das Zazen oder das Kalligraphieren. Bis zur höchsten Vollkommenheit haben die Japaner beim Blumenstecken die Kunst des Weglassens geführt. Im Laufe der Zeit wurden die Formen des Blumengestecks teilweise vorgeschrieben. Das Blumenstecken könnte man am besten gleichsetzen mit dem Schreiben eines Gedichtes. Auch dem klassischen Zengedicht, dem Haiku (→ Seite 61), haben die Japaner eine feste Form gegeben. Die Kunst ist, die Gefühle und Gedanken des Augenblicks innerhalb einer vorgeschriebenen Form frei auszudrücken. In der Einfachheit und Natürlichkeit einiger Zweige wird der augenblickliche Zustand des ganzen Universum ausgedrückt.

In einem Gesteck den Augenblick ausdrücken

Es ist nicht unbedingt notwendig, mit Kiefer und Jasmin eine Schale zu schmücken. Sie können ebenso vollkommen mit Schneeglöckchen und Gänseblümchen ein Gesteck formen, das Ihr Sosein an diesem Frühlingstag ausdrückt. Oder Sie bringen an einem wunderschönen Herbsttag bunte Blätter von Ihrem Waldspaziergang mit, stecken sie in eine Vase, die Sie auf den Tisch stellen. Dann ist das Blumenstecken nicht mehr eine rein mechanische Handlung, sondern der Zenweg des Ikebana.

Im Diamantsutra sagt der Buddha: »Bezüglich des höchsten, vollkommen erwachten Geistes habe ich überhaupt nichts erlangt.«

Im Zen spricht man von drei Stufen der Wahrnehmung: (1) eine Blume ist eine Blume; (2) eine Blume ist keine Blume mehr; (3) eine Blume ist wieder eine Blume. Diese dritte Blume ist sehr verschieden von der ersten. Sie ist vollkommen frei vom Begriff Blume, von Vorstellungen, Wahrnehmungen, Idealen, Symbolen. Es ist die Blume in ihrem wahren Sein.

Ein Blumengesteck, das nach den Regeln des Ikebana fertiggestellt wurde. Betrachten Sie das Foto in aller Stille, und »lesen« Sie das Gesteck wie ein Gedicht.

So kann der Zenmeister Thích Nhât Hanh den obengenannten Lehrsatz des Diamantsutras mit einem Gedicht über die Sonnenblume, die vollkommene Weisheit ist, kommentieren:

Komm, meine Liebe, mit deinen unschuldigen Augen,
betrachte das klare, blaue Meer des Dharmakaya.
Selbst wenn die Welt in Stücke bricht,
dein Lächeln wird nie verlöschen.
Was gewann ich gestern?
Und was werde ich morgen verlieren?
Komm, meine Liebe,
mit meinem Finger zeige ich
auf die Welt voller Trugbilder.
Da die Sonnenblume bereits da ist,
wenden sich ihr alle Blumen zu,
um sie zu betrachten.

Es ist also nicht so, daß Ikebana nur einfaches Blumenstecken ist, sondern es bedarf des Wachseins und der Achtsamkeit der dritten Stufe, um das Wesen des Ikebana auszudrücken!
Von diesem Gesichtspunkt heraus ist das Ikebana selbst ein Übungsweg, der uns zur vollkommenen Klarheit (der dritten Stufe) führt.
Shakyamuni Buddha selbst benutzte eine Blume, um den Einen Geist auszudrücken und seinem Schüler Mahâkashyapa das Zen zu übertragen:
Buddha hält vor der Versammlung auf dem Berge Grdhrakuta eine
Blume hoch. Darauf verfallen alle in Schweigen. Nur Kasho lächelt.
Shakyamuni spricht: Ich habe das kostbare Auge des wahren Dharma.
Es wird auf besondere Weise außerhalb aller Lehren übermittelt.
Jetzt vertraue ich es Mahâ-Kasho an.

Kalligraphie – Shodô

Genauso wie Zen der Weg zur Selbstkenntnis und Selbstverwirklichung im täglichen Leben ist, bedeutet Shodô den Weg zur Selbstkenntnis und Selbstverwirklichung durch die Übung des Schreibens oder des Kalligraphierens. Was wir auch tun: Wir drücken uns selbst vollkommen aus. Alle Veränderungen, alle Ablenkungen in unserem Geist, unsere innere Ruhe und unsere Unruhe finden in unserem Tun, in unserem Schreiben einen vollständigen Ausdruck. Wir können lernen, diesen Ausdruck unseres Selbst zu »lesen«. Wenn wir eine Form des Tuns, zum Beispiel Schreiben, wiederholt üben, werden wir immer subtiler ablesen können, wer wir sind.

Den eigenen Ausdruck »lesen« lernen

In der Kunst des Schreibens ist sehr viel Lebendiges, Zartes und Feines und zu gleicher Zeit sehr viel Kraft – wie eigentlich in allen Zenkünsten.

Ein Zenmeister kalligraphiert

Es ist ein wahres Erlebnis einen (japanischen) Zenmeister beim Kalligraphieren beobachten zu dürfen. Er bereitet sich auf eine Kalligraphie vor, indem er alle Utensilien ordentlich vor seinen Sitzplatz legt, die Tusche vom Tuschstein reibt und mit Wasser verdünnt. Das Papier liegt ausgerollt vor ihm. Er hält einen Moment inne, konzentriert sich vollkommen und reißt alle Zuschauer in seiner Konzentration mit. Im Raum ist es völlig still. Der Meister atmet tief ein und dann schreibt er in einer Ausatmung ruhig, aber blitzschnell das Zeichen aufs Papier. In diesem Moment ist der Meister vergleichbar einem Kinderkreisel. Dieser scheint ruhig zu stehen, während er sich sehr schnell dreht. So ist es auch mit dem Meister. Er sitzt ruhig und ist trotzdem voller energischer Bewegung. Er legt alle Energie in den Tuschestrich. Wenn er den Pinsel vom Papier hebt, ist alle Energie in das Zeichen geströmt und völlig aufgebraucht. Jeder im Zendô – Meister und Zuschauer – atmet auf. Wunderbar!

Mit energischer Bewegung

Es ist nicht wichtig, ob das Resultat ein Kunstwerk genannt werden kann und reif für ein Museum ist. Der Meister kümmert sich nicht um das Resultat. Er ist im Moment völlig anwesend gewesen und hat sich selbst gegeben, so wie er ist – dadurch ist er selbst-los geworden.

Ein anderes Beispiel, daß es im spirituellen Weg nicht um ein Resultat geht, ist das Sandmandala der Tibeter. (Ein Mandala ist ein mystisches Kreis- oder Vieleckbild, das als Meditationshilfe verwendet wird. Auch in unseren Kirchen sind viele Fenster wie ein Mandala gestaltet.) Dabei wird ein großes Kunstwerk in den Sand gezeichnet und nach seiner Fertigstellung noch am gleichen Tag wieder ausgewischt.

Kein Augenblick gleicht dem anderen

Lebendigkeit kann man nicht konservieren oder »haltbar« machen. Von Augenblick zu Augenblick muß das Leben neu gelebt werden, denn kein Moment gleicht dem anderen, ist erhaltbar oder wiederholbar. Dies ist im Zen eine fundamentale Erkenntnis. Daher wird dies in allen Zenkünsten geübt.

Selbst kalligraphieren

Auch wenn wir kein Zenmeister sind, können wir das Leben im Augenblick in der Kunst des Schreibens oder Kalligraphierens üben. Wir können mit der Zeit nicht nur immer feiner ablesen, wie wir selber sind, sondern auch, wie andere sich in ihrem Schreiben ausdrücken. In jeder Schrift beziehungsweise Kalligraphie sind der geistige Zustand und die Stärke der Energie des Schreibers abzulesen. Stärker als bei jedem anderen Zenweg kommen die Energie und die Grenzen des Schreibers in jedem Pinselstrich zum Ausdruck. Wenn wir geübt sind, können wir einfach an unserer Schrift ablesen und erkennen, ob wir etwas von unserer Energie zurückgehalten haben oder ob wir uns restlos hingegeben haben.

Geben Sie sich restlos hin?

Die chinesischen und japanischen Schriftzeichen eignen sich besonders gut für uns, das Kalligraphieren zu üben. Wir werden, da die meisten von uns die Zeichen nicht lesen können, nicht von der inhaltlichen Bedeutung abgelenkt. Wir können uns deshalb ganz auf die Handlung des Kalligraphierens konzentrieren und alle Energie hineinfließen lassen. Genau wie beim Zazen benutzen wir unseren eigenen Atem als Hilfsmittel bei der Kalligraphie-Übung. Wir beobachten unseren Atem und produzieren einen Strich oder mehrere Striche mit einer Ausatmung. Zu gleicher Zeit beobachten wir unsere Haltung, bemerken wir, daß Gedanken und Gefühle hochkommen und sich wieder legen.

(Kalligraphie-Sets mit Pinsel, Tusche und Reibstein sind im Fachgeschäft erhältlich oder mit vielen zusätzlichen Informationen zu bestellen bei »Klang & Stille«, Haller Str. 22a, D-74248 Ellhofen.)

»Es ist so, wie es ist.«

Ist der Punkt erreicht, an dem wir uns nicht mehr um das Resultat kümmern, ohne deshalb gleichgültig zu werden, nähern wir uns dem inneren Zustand des augenblicklichen Annehmens, des »Es ist so, wie es ist«. Dieser Zustand ist nicht ostasiatischen Menschen vorbehalten, sondern liegt auch in unserer westlichen Kultur zum Entdecken bereit.

Weitere Wege des Zen

Vielfältig, wie das Leben, sind die Zenkünste. Wir möchten hier noch einige kurz ansprechen.

Das Zengedicht

Sehr bekannt sind das Zengedicht, Haiku genannt, und die Zensprüche der Meister. Beim Schreiben von Gedichten wird der Weg des Blumensteckens in der Formgebung eines Gedichtes geübt. Das Zengedicht wird wie ein wunderschönes Ikebana komponiert. In der Kunst des Weglassens und der Kunst des vollkommen klaren Ausdrucks in wenigen Worten drückt sich das Selbst des Künstlers aus. Oft stellt er das Gedicht gleichzeitig in wenigen Strichen bildnerisch dar *(Sumi)*. Das Haiku wird auf einem Blatt Papier komponiert. So ist ein Zengedicht Ikebana, Kalligraphie und Malen in einem. Viele Ausdrucksmöglichkeiten fließen ineinander und bilden ein harmonisches Ganzes. In jedem Tun sind all unsere Fähigkeiten vereint zum Ausdruck gekommen. Das zu sehen, ist Zen.

Klarer Ausdruck in wenigen Worten

Ein Beispiel für ein Zengedicht stammt von der berühmten, japanischen Nonne Rengetsu (1791 bis 1875). Schlicht und einfach drückt sie die Weisheit des Zen aus. Jahreszeit, Vergangenheit und Gegenwart und ihr Tun verschmelzen auf dem Blatt Papier zu einer Einheit.

Die Nacht dehnt sich,
während ich mein (schäbiges altes)
Nonnengewand
klopfe und klopfe.
Später und später wird die Stunde:
Herbst, hier im Dorf Shino

Seit ältesten Zeiten schreiben in Japan nicht nur die Dichter Haiku, sondern das ganze Volk, Bauer und Kaiser, Schreiner und Professor. Das Gedicht wurde zum Dreizeiler, weil man es kurz und prägnant machen wollte.

Meister Bashô, ein Zenmönch, gilt als Begründer der klassischen Haiku-schule. Viele berühmte Haikudichter waren Zenmönche und Maler.
Ein gutes Haiku zeigt sich im Aussparen und Weglassen. Bashô wurde einmal die Aufgabe gestellt, die acht berühmten Schönheiten von Omi am Biwa-See in einem Haiku zu beschreiben: der Herbstmond, der Abendschnee, der Abendglanz, der Glockenklang, die Boote auf dem See, der helle Himmel, der Nachtregen und die Wildgänse. Er löste diese Aufgabe mit folgendem Haiku:

Ihrer Sieben sind
heut vernebelt – aber, horch,
Miis Glocke tönt!

Regeln für die
einfache Form

Für die einfache Form eines Haiku gilt: das Gedicht darf nicht mehr als drei Zeilen haben; die erste Zeile besteht aus fünf Silben, die zweite aus sieben und die dritte wieder aus fünf Silben. Außerdem wird ein Gedicht nur als Haiku angesehen, wenn es eine Naturstimmung oder Impression zum Gegenstand hat. Dabei gelten folgende Regeln:
Jedes Haiku muß sich auf eine der vier Jahreszeiten beziehen. Ihre entsprechenden Kennzeichen wie Naturerscheinungen (Regen, Wind, Schnee, Sonnenschein), Bräuche, Festtage, Pflanzen (Frühlingsblumen, Herbstlaub) und Tiere (deren Verhalten zur jeweiligen Jahreszeit) müssen genannt werden. Persönliche, subjektive Stimmungen und Empfindungen bleiben unausgesprochen.

Selbst dichten

Lassen Sie sich durch zwei einfache Beispiele, verfaßt von einer Anfängerin, die nicht namentlich genannt werden möchte, dazu anregen, selbst dichterische Versuche zu unternehmen.

Am Apfelbaumtag
löst leichter Wind Morgenschnee.
Ich lehne am Stamm.

Unterwegs trifft mich
die Glockenblumenschönheit.
Ich gebe mich hin.

Ostasiatische Sportarten

Es gibt eine ganze Reihe traditioneller ostasiatischer Sportarten, die nur im Geist des Zen zur Vollkommenheit und Meisterschaft geführt werden können – zum Beispiel *T'ai Chi, Qi Gong*, Schwertkampf *(Kendô)*, Bogenschießen *(Kyûdô)*.

Wir im Westen üben diese Künste zwar schon längere Zeit. Doch es ist ganz deutlich, daß wir sie in unser westliches, europäisches Denken des Leistungsprinzips gezwängt haben. Wir wollen dabei etwas erreichen, vielleicht für unseren Körper, vielleicht indem wir Champion in dieser Sportart werden wollen, oder wir möchten den Gegner besiegen. Wenn wir diese Sportarten als Zenkünste ausüben möchten, müssen wir dies im Zengeist verwirklichen. Das heißt, die Übung ist wichtig. Das Ergebnis interessiert nicht. Dazu gibt es eine schöne Geschichte:

Üben ist der Weg

Ein Europäer wurde eingeladen, dem Bogenschießen eines berühmten japanischen Meisters zuzuschauen. Der Meister schoß, er wurde vollkommen eins mit Pfeil und Bogen, doch der Pfeil landete nicht im schwarzen Punkt! Der Europäer kam nach Hause und bemerkte etwas überheblich: »Der Meister des Bogenschießens traf noch nicht einmal das Ziel!« Er wußte nicht, daß für den Meister die vollkommene Hingabe in der Bewegung, im Tun, im Einssein mit Bogen und Pfeil Bogenschießen bedeutete.

Unter der Anleitung eines Zenmeisters üben

Oft kann man hören: Zen kann nur unter der Anleitung eines Zenmeisters geübt werden. Es gibt auch japanische Zenmeister, die sagen, daß man Mönch oder Nonne werden muß, um Zen üben zu können.
Wir haben in diesem Buch schon deutlich gemacht, daß Sie Zen auch alleine im täglichen Leben üben können und nicht der Begleitung eines Zenmeisters bedürfen.

Das Sesshin

Um aber die Übung zu vertiefen, ist es ratsam und üblich, jedes Jahr des öfteren zu einem *Sesshin* zu gehen. Ein Sesshin ist eine intensive Übungsperiode unter der Anleitung eines Zenmeisters oder einer Zenmeisterin in einem Zenkloster oder Zenzentrum. Die Übungsperiode kann ein Wochenende, eine Woche oder mehrere Wochen bis zu drei Monaten dauern. In dieser Zeit wird nicht geredet, weder beim Essen noch in der Freizeit noch während der Übung des Sitzens im Zendô noch bei der Gehmeditation noch beim Arbeiten. Der Tagesablauf eines Sesshin kann sehr unterschiedlich sein. Es kann morgens um 7 Uhr anfangen, aber auch um 5 Uhr oder sogar um 3 Uhr. Es kann sein, daß man um 9 Uhr schlafen geht oder erst um 11 Uhr. Die Sitzperioden sind in jeder Schule unterschiedlich, üblich sind 25 Minuten, aber sie können auch 40 oder 50 Minuten dauern, abwechselnd mit Kinhin. Jeden Tag hält der Lehrer ein *Teishô*, einen Vortrag, in dem er seine eigene Einsicht darstellt.

Der Meister

Täglich hat der Schüler die Möglichkeit, einmal oder mehrere Male zu einem Vieraugengespräch zu seinem Meister zu gehen. Der Zenlehrer versucht, durch sein Vorbild und durch seine Unterweisung den Schüler zu Einsicht und Wachheit zu führen.
Natürlich macht der Schüler sich ein Bild, wie ein Meister zu sein hat. Wir im Westen mit unseren festen Ideen, was gut und schlecht ist, wissen genau, wie dieses Vorbild zu leben hat. Wir vergessen, daß ein

Meister ein Mensch ist. Ein Mensch aber ist nie »vollkommen«. In Wahrheit jedoch heißt Vollkommenheit, die Gegensätze in Harmonie zu bringen! Hierzu eine kleine Anekdote:

Ein bekannter Jesuit lebte längere Zeit in Japan. Er übte Zen bei einem Meister. Normalerweise sitzen beim Einzelgespräch Meister und Schüler ziemlich dicht auf dem Kissen gegenüber. Sein Meister aber saß immer einige Meter vom Schüler entfernt. Durch Zufall bemerkte unser Jesuit den Grund. Der Meister roch nach Reiswein! Jetzt hatte der Jesuit ein Problem: die »Vollkommenheit« des Meisters. Dazu sagt Bodhidharma, der das Zen nach China brachte, »Offene Weite. Nichts Heiliges!« Zen hat nichts Heiliges, Zen bedeutet, in Harmonie zu sein mit den Gegensätzen des alltäglichen Lebens (und dazu gehört nun einmal auch der Reiswein).

Ein Meister ist nicht vollkommen

Das Kôan

Das Kôan ist meistens eine kurze Episode aus dem Leben alter Meister oder ein Zwiegespräch zwischen zwei erleuchteten Menschen. Manchmal schildert es auch die Frage eines Schülers an den Meister und dessen Antwort.

Wahr und falsch zugleich

Das Wesentliche eines jeden Kôan ist das Paradoxon – eine zugleich wahre und falsche Aussage. Es kann nicht mit unserem logischen Verstand begriffen werden, es liegt jenseits unseres Denkens. Das Kôan ist also ein »Rätsel«, das nur durch einen Sprung in eine andere Bewußtseinsebene gelöst werden kann. Meistens sind diese Kôan unmögliche Fragen, auf die Sie Ihre eigene ursprüngliche Antwort finden müssen. Das Kôan ist erst im 10. Jahrhundert entstanden. Heute wird es im allgemeinen nur noch in der Rinzai-Schule gebraucht. Die Sôtô-Schule benutzt das Kôan nur selten. Das Kôan ist nur einer der Übungswege im Zen. Es ist nicht unbedingt notwendig, um »erleuchtet« oder wach zu werden. Dennoch ist dieser Weg der einzige, bei dem man wirklich von einem Zenmeister begleitet werden muß.

Das Vorkôan

Damit wir im Westen ein Eingangstor zum Verständnis des klassischen Kôan finden, hat der alte japanische Zenmeister Jôshû Sasaki Rôshi im Laufe seiner dreißigjährigen Tätigkeit in Amerika eine Art Vorkôan erfunden. Zum Beispiel fragt er seine Schüler: »Wieviele Haare habe ich auf meiner Glatze?« Oder er gibt den Auftrag: »Bring´ mir einen rennenden Hund.« »Wie verwirklichst Du Dich in einer Kiefer«. »Wie fängst Du diesen Stock (er läßt ihn fallen), ohne ihn anzufassen.« »Wohin geht der Wind, woher kommt der Wind?« Bei seiner Antwort darf der Schüler keine Worte benutzen. Er muß sich immer wieder mit Hilfe seines Körpers, durch Handlungen, Gesten oder Aktionen ausdrücken, ohne in Worte und Begriffe zu flüchten. Bringt der Schüler ihm seinen rennenden Hund, dann erfüllt sein warmes Lachen den ganzen Raum und er schickt ihn weg.

»Wieviele Haare habe ich auf meiner Glatze?«

Langsam lernt der Übende eine neue »Umgangssprache« mit den Dingen, er bekommt eine neue Beziehung zu ihnen. Die neue Umgangssprache ist sehr körperlich. Sie ist, wie beim Kalligraphieren, so subtil und fein, daß man spürt, es stimmt: Zen ist ein dichterischer Ausdruck von Leben und Tod.

Im Zen weiß man, daß der Geist sich vollkommen im Körper ausdrückt. So muß auch der Geist des Kôan dem Meister in der Körpersprache klar und deutlich gebracht werden. Der Meister liest in der Körpersprache wie in einem Buch, wie in der Schrift beim Kalligraphieren oder wie in der Stimme den Zustand des wahren Selbst ab.

Der Schüler antwortet wortlos

Ein klassisches Beispiel hierfür ist das Kôan Nr. 3 aus einer alten Sammlung von Koans, der Sammlung Mumonkan: »Gutei hebt einen Finger«. Hermann Hesse beschreibt in wunderbarer Weise, wie Gutei seinen Zenweg zeigt.

Der erhobene Finger
Meister Djü-dschi (Gutei) war, wie man uns berichtet,
Von stiller, sanfter Art und so bescheiden,
Daß er auf Wort und Lehre ganz verzichtet,
Denn Wort ist Schein, und jeden Schein zu meiden,
War er gewissenhaft bedacht.

Wo manche Schüler, Mönche und Novizen
Vom Sinn der Welt, vom höchsten Gut
In edler Rede und in Geistesblitzen
Gern sich ergingen, hielt er schweigend Wacht,
Vor jedem Überschwange auf der Hut.
Und wenn sie ihm mit Fragen kamen,
Den eitlen wie den ernsten, nach dem Sinn
der alten Schriften, nach den Buddha-Namen,
Nach der Erleuchtung, nach der Welt Beginn
Und Untergang, verblieb er schweigend,
Nur leise mit dem Finger aufwärts zeigend.
Und dieses Fingers stumm-beredtes Zeigen
Ward immer inniger und mahnender: es sprach,
Es lehrte, lobte, strafte, wies so eigen
Ins Herz der Welt und Wahrheit, daß hernach
So mancher Jünger dieses Fingers sachte
Hebung verstand, erbebte und erwachte.
Hermann Hesse

Ein berühmtes Kôan

Ein anderes, sehr berühmtes Kôan ist Meister Hakuins Frage: »Wie ist der Klang des Klatschens einer Hand?« Im ersten Kôan des Mumonkan wird Meister Jôshû gefragt: »Hat der Hund Buddhanatur oder nicht?« Jôshû sagt: »Mu!«
Der Meister fordert den Schüler auf: »Bring mir Dein eigenes Mu in Deiner eigenen Körpersprache.« Es kann sein, daß er viele Jahre mit 1001 Antworten zum Meister geht, ehe er erwacht ist und die Urfrage seines Lebensabschnittes gelöst hat.

»Die Buddhawelt ist trocken«

Um den Schüler zur tiefen Einsicht zu führen, zögert ein Zenmeister wie Sasaki Rôshi nicht damit, ihm die banalsten Dinge zu servieren. Er fragt zum Beispiel: »Hast Du das Zen schon entdeckt im Saubermachen deines Hinterns, nachdem Du auf der Toilette gewesen bist?« Manchmal zögert er nicht, den Zuhörern seines Teishô die Wirklichkeit über Erleuchtung zu sagen: »Wie sehr Du auch danach suchst oder es sogar schon gefunden hast, Du kannst nur sehr kurz darin bleiben. Die Buddhawelt ist trocken und geschmacklos. Du weißt nicht halb, wie trocken und geschmacklos die Buddhawelt ist. Und Du sehnst Dich danach! Aber tatsächlich kannst Du keinen einzigen Tag in der Buddhawelt bleiben.

Der »Geschmack« der Erleuchtung

Dort mußt Du die objektive Welt des Schmeckens, Riechens, Berührens, Hörens und Sehens aufgeben. Viele spirituellen Lehrer erzählen nicht, wie trocken und geschmacklos die Buddhawelt eigentlich ist. Sie ermutigen einen nur, erleuchtet zu werden, in die Buddhawelt oder in den Himmel zu gehen.«

Er meint damit: Jeder muß seine Erleuchtungserfahrung wieder loslassen. Sie hat keinerlei Wert, wenn man nicht wieder zurückgeht in die menschliche Welt. Jeder sollte seine Aufgabe erkennen, Verantwortung übernehmen für seine menschliche Situation und die der anderen. Sasaki Rôshi drückt es so aus: »Du sollst Dich verlieben und Deinen Lebensunterhalt verdienen!«

Alte Wege – neu begangen

*Jedes Tun
wird zur Übung*

Wir haben Ihnen nun die traditionellen Wege des Zen vorgestellt, aber immer wieder betont, daß jedes Tun im Alltag zur Übung des Zen werden kann. Um die unzähligen Lehrer und Wege des Zen, denen wir täglich begegnen, die uns in jeder Minute ihr »Geheimnis«, ihr Wesen preisgeben möchten – um diese soll es im folgenden gehen.

Lehrer auf dem Zenweg

Von den zehntausend Lehrern, die ich gehabt und immer noch habe, möchte ich Ihnen gerne zwei besondere Lehrer vorstellen: den Wind und den Computer. Sie haben mich dieses Gedicht gelehrt.

*Schritt vor Schritt
– manchmal zögernd –
gehe ich über die Brücke
zwischen Nichts und Nirgendwo*

Der Wind als Lehrer

Holland, das Land, in dem ich geboren wurde, ist ein kleines, völlig flaches Land. In solch einem flachen Land treibt der Wind ständig sein Spiel. Manchmal flüstert er, manchmal brüllt er oder erzählt die wunderbarsten Geschichten. Als Kind lauschte ich dem Wind jeden Abend, ehe ich einschlief. Später vergaß ich dies allzu oft...

*Welches ist
Ihre Lebensfrage?*

Viele Menschen scheinen eine Art Lebensfrage zu haben, etwa: Was ist der Sinn meines Lebens? Was ist meine Bestimmung? Was ist gut, was ist schlecht? Was ist der Tod? Werden wir verurteilt wegen unserer Taten und Untaten?
Mir ging es immer um die Fragen: Was ist Leben? Was ist der Unterschied zwischen Leben und Tod? Warum kam ich in dieses Leben, in diese meist aggressive und unterdrückende Kultur, in der beinahe jede Kenntnis über die wirkliche Natur verlorenging, in der beinahe alle Gefühle für die Tatsache fehlen, daß wir menschliche Wesen nur winzigkleine Punkte in einem immens großen Universum von Raum und Zeit sind?

Die meisten Antworten, die ich auf diese Fragen im Laufe meines Lebens gefunden habe, habe ich längst vergessen. Aber etwas sehr Wichtiges ist in mir geblieben, nämlich daß *spirituelles oder religiöses Leben eine poetische Form ist*. Leider ist dieses Lebensgedicht in uns mehr oder weniger starr und unbeweglich geworden. Der Odem des Lebens ist ihm genommen.

Als ich mit Zen in Berührung kam, erzählten meine Lehrer mir, daß nur ich selbst herausfinden könne, was ich suchte. Ich könne es nicht finden in traditionellen Normen und von außen festgelegten Werten, sondern

Mildes Annehmen von allem, was ist

nur durch intensive Selbstbeobachtung und durch mildes Annehmen von allem, was ich sehen, was ich hören, was ich berühren, was ich riechen und was in meinem Geist entstehen würde.

Es brauchte Jahre, bevor ich den Wind in der Wüste hörte, der mich fragte: »Hörst du mich? Das ist alles! Das ist alles! Wo ich herkomme, kommst Du her. Wo ich hingehe, gehst Du hin. Das ist alles! Das ist alles!«

Der Computer als Lehrer

Ich möchte Ihnen noch etwas erzählen über einen anderen meiner Lehrer, den Computer.

»Schritt vor Schritt« – Tip für Tip – Tip für Tip... Tippen auf dem Computer, das ist Finger-Gehmeditation. Dann bin ich mit meinem Atem und mit

Finger-Geh-meditation

den Schritten meiner Finger über die Tasten eins. Dies ist wirklich ein wunderbares, schönes Zenspiel.

»Schritt vor Schritt, manchmal zögernd«...

Manchmal finde ich die Zenübung einfach: In den Perioden, in denen ich mich nicht um Resultate kümmere, wenn ich die Dinge hinnehmen kann, wie sie kommen.

Aber manchmal scheint das Leben ziemlich schwierig. Dann sehe ich nicht ein, warum ich üben soll, und zögere, den nächsten Schritt zu tun, oder ich versuche sogar, ihn zu vermeiden. Aber nach einer Weile merke ich, daß mein Atem sich nicht weigert weiterzugehen. Wenn ich das Leben betrachten kann wie ein Spiel des Atems mit meinen Fingern auf den Tasten, kann ich mich wieder in dieses Spiel hineinfügen.

»Ich gehe über die Brücke, zwischen Nichts und Nirgendwo«...
Als ich das erste Mal lernte, mit dem Computer zu spielen, war ich wirklich begeistert. Es ist ganz leicht, mit den Fingern über die Tasten zu gleiten, und gleichzeitig erscheinen die Buchstaben auf dem Bildschirm. Ich kann viele Worte und Sätze tippen, und sie erscheinen alle auf dem Bildschirm. Ist der Bildschirm voll, verschwindet die erste Zeile, und ich kann so viele Zeilen tippen, wie ich möchte. Die oberste Zeile verschwindet, die unterste erscheint. Das Leben selbst ist so: erscheinen, verschwinden, erscheinen, vergehen, geboren werden, sterben, geboren werden. Natürlich kann ich nicht vermeiden, darüber zu meditieren, woher die Buchstaben kommen und wohin sie gehen. Und genau so meditiere ich über die Tatsache, daß der Computer jedes Wort akzeptiert und jeden Satz losläßt. Er versucht nicht, ein schönes Gedicht festzuhalten, und er versucht nicht, das »Q« zu vermeiden, weil er denkt: »Dieser Buchstabe ist zu schwierig für mich«, oder: »Diesen Buchstaben mag ich einfach nicht«!

Der Computer – ein spirituelles Vorbild?

Einmal machte ich einen wunderbaren Fehler mit einem einzigen Fingerschritt, und der ganze Text, den ich gerade getippt hatte, war verschwunden. Was ich auch versuchte – vielleicht machte ich einen zweiten Fehler mit dem nächsten Fingerschritt -, ich konnte den Text nicht wiederfinden und sogar der übliche Speicher war leer. Ich schaute und schaute, tiefer und tiefer – plötzlich fühlte ich, daß ich in die gleiche Leere fiel, von der der Wind gesprochen hatte. Und es schien, als ob alle Buchstaben, Worte und Zeilen mir zulachten und sagten: »Ha, ha, hier sind wir! Im Nichts, dort wo Du auch hingehörst, wo Du herkommst und wo Du hingehst!« Und ich lachte zurück und fühlte mich sehr dankbar für diesen wunderbaren Fehler meiner Finger.

Der Bildschirm des Computers – die Brücke zwischen Nichts und Nirgendwo,
Der Wind – die Brücke zwischen Nichts und Nirgendwo,
Das Leben – die Brücke zwischen Nichts und Nirgendwo.
Das ist alles! Das ist alles!

Das Papier als Lehrer

Auf Ihrem Schreibtisch liegt Papier. Sie nehmen es in die Hand und wollen es in den Drucker tun. Halten Sie einen Moment inne. Sehen Sie den tropischen Regenwald in dem Papier? Schauen Sie es sich genau an, Sie werden die Bäume des Waldes sehen, die Motorsäge hören. Sie sehen auch die Sonne, die Wolken und den Regen, Sie hören die Vögel singen und die Kinder der Indianer spielen.

Üblicherweise sehen wir nur das Blatt Papier, das wir zum Schreiben benutzen. Auf dem Zenweg erkennen wir, daß das ganze Universum sich in allen Dingen, auch in diesem Blatt Papier vollkommen ausdrückt.

Das Papier – ein Spiegel der Welt

Nehmen wir uns ein Paar Minuten Zeit. Wir halten das Papier in unseren Händen und betrachten es. Es hilft uns bei unserer täglichen Arbeit und eventuell, unseren Lebensunterhalt zu verdienen. Wir sehen die Verkäuferin und das Schreibwarengeschäft, in dem wir es gekauft haben. Das Papier riecht noch jetzt nach den riesigen Tonnen Chemikalien und dem Sägemehl, mit dem es in der Fabrik hergestellt wurde. Große Schiffe fahren von Amerika übers Meer und bringen das Holz des Regenwaldes zu uns. Wir hören die Motorsägen und Augenblick für Augenblick fällt ein uralter Baum zur Erde. Vögel fliegen weg, und die Tiere des Waldes ergreifen die Flucht. Arme Indianer verdienen im Regenwald als Holzfäller ihr mageres Brot für sich und ihre Kinder. Die Kinder der Holzfäller spielen am Fluß, der die gefällten Baumstämme zur Küste trägt. Die Frauen bearbeiten die Kartoffel- und Getreide-Felder, damit die Familie ihr tägliches Essen hat, und nach Feierabend geht der Holzfäller an den Fluß zum Fischen.

Lesen Sie in dem Blatt Papier

Schauen wir tiefer hinein in das Blatt Papier, dann sehen wir den Sonnenschein, die Wolken und den Regen, das Land am Fluß und die Tiere des Waldes und den Holzfäller mit seiner Familie. All dies ist für die Existenz des Blattes Papier notwendig. Betrachten wir es so, dann erkennen wir, daß unser Stück Papier ohne die Energie all dieser Elemente nicht existieren kann. Selbst die Sonne und das ganze Universum sind notwendig und deshalb im Blatt Papier enthalten.

Wir können keines von all diesen Dingen aus dem Stück Papier herausnehmen. Nehmen wir zum Beispiel die Mineralien fort, die sich im Laufe von Jahrmillionen in der Erde des Regenwaldes gebildet haben. Dann könnte kein Baum wachsen, kein Papier entstehen, und wir könnten jetzt nicht auf dieses Blatt schreiben.

So lehrt uns das Papier, daß wir eins sind mit dem ganzen Universum.

Malen und photographieren

Viele von uns malen und photographieren gerne. Hierbei geht es auch um die Aktivität des Wählens. Denn der interessanteste, aufregendste und vielleicht auch meditativste Moment ist dabei jener Augenblick, unmittelbar bevor wir beginnen. Das Papier ist noch ohne Strich, wir haben das reine, weiße Blatt Papier vor uns, und wir können in alle Möglichkeiten des Malens hineinschauen. Es gibt unendlich viele Möglichkeiten, einen Strich zu ziehen. Wenn wir uns nicht selbst auf eine Idee davon festlegen, was wir malen wollen, dann können wir alles malen. Einen solchen Moment der Freiheit, in dem alles möglich ist, genießen wir. Er ist für uns ein lebendiges Beispiel, wie wunderbar es sein kann, einen »offenen Geist« zu haben. Wie Shunryu Suzuki sagt: Ein Anfängergeist oder »offener Geist« hat viel Spielraum. Der Geist des Erfahrenen aber denkt zu wissen. Daher hat er nur sehr wenig Entscheidungsraum.

Ein offener Geist hat sehr viel mehr Spielraum als ein Stück weißes Papier, denn ein Stück Papier hat nur den Raum in seinen zwei Dimensionen, während wir uns einen offenen Geist räumlich, vieldimensional vorstellen können. Das ist wirklich unbeschreiblich schön.

Vergleichbares können wir erfahren, wenn wir Musik komponieren oder spielen oder photographieren. Wenn wir etwas Schönes mit einem ansprechenden Hintergrund photographieren möchten, wählen wir aus den Tausenden von Möglichkeiten für die Entfernung oder den Winkel eine Möglichkeit aus. Doch ein Photo ist begrenzt, denn man kann in dem Photo eines Baumes nicht mehr das Rauschen des Windes hören. Ein offener Geist aber schließt alles ein: alle Möglichkeiten unserer sechs Sinne.

Dieser Moment der Offenheit ist zugleich ein Moment der Wahl, der Entscheidung für eine Form, zum Beispiel beim Malen für einen bestimmten

Unendlich viele Möglichkeiten

Der Moment der Entscheidung

74

Tun und Nicht-Tun sind gleich

Strich. Sogar, wenn wir nicht anfangen zu malen, wählen wir. Dann entscheiden wir uns für die Form des Nicht-Malens, wählen für einen weiteren Moment die Form des Papier-Betrachtens.

Nur wenn wir einen Sonnenuntergang photographieren möchten, können wir nicht zuviele Momente des Nicht-Tuns wählen, denn die Sonne geht sehr schnell unter, und die wunderbarsten Farben verändern sich in Bruchteilen von Sekunden!

Zeit und Klang als Lehrer

Das Telephon

Ihr Telephon klingelt. Halten Sie einen Moment inne. Greifen Sie nicht gleich zum Hörer! Lassen Sie das Telephon ruhig drei Mal klingeln, ehe Sie den Hörer abnehmen. Atmen Sie dreimal ein und aus. Machen Sie sich keine Gedanken über den Anrufer, obwohl Sie vielleicht neugierig oder ängstlich oder im Streß sind. Bleiben Sie bei Ihrem Atem, und Ihr Gesicht trägt ein leichtes Lächeln.

Halten Sie einen Moment inne

Jetzt nehmen Sie den Hörer ab. Wer auch immer Sie anruft, Sie haben Zeit für ihn, Sie werden ihm zuhören. Achten Sie auf seine Stimme. Klingt sie ruhig oder nervös, laut oder leise, schnell oder bedacht? Weil Sie auf Ihren Atem geachtet haben, sind Sie innerlich ruhig. Sie werden sehen – Ihre Ruhe kommt auf der anderen Seite an. Es wird bestimmt ein gutes Gespräch.

Die gleiche Übung können Sie machen, wenn es an Ihrer Haustür klingelt oder ein Geschäftspartner Sie sprechen möchte.

Die Uhr

Wenn Sie das Glück haben, in der Nähe einer alten Kirche zu wohnen oder zu arbeiten, werden Sie jede halbe oder volle Stunde den Glockenschlag der Kirchturmuhr hören. Halten Sie dann einen Moment inne, kommen Sie zurück zu Ihrem Atem, beobachten Sie eine Weile, wie Sie ein- und ausatmen, und genießen Sie die Pausen dazwischen.

Kommen Sie immer wieder zu sich

Sie finden Ruhe in sich, und Ihre Beschäftigung wird Sie nicht mehr so anstrengen.

Vielleicht gibt es keine Kirchenuhr in Ihrer Nähe. Vielleicht gibt es eine Wanduhr mit einem wunderschönen Klang in Ihrem Raum. Wir tragen immer und überall eine Armbanduhr mit uns. Viele davon können ein Signalton geben. Wenn Ihre Uhr diese Möglichkeit hat, können Sie sie so einstellen, daß sie Sie zu jeder vollen Stunde daran erinnert, zu Ihrem Atem zurückzukehren und zu lächeln. Dann machen Sie mit Ihrer Arbeit weiter.

Lächeln

Lächeln Sie, und betrachten Sie die Bewegungen Ihrer Lippen als »Mund-Yoga« (Thích Nhât Hanh). Lächeln Sie, und Sie werden feststellen, daß nicht nur die Muskeln in Ihrem Gesicht sich entspannen, sondern auch in Ihrem Bauch, in Ihrem Rücken, in Ihrem ganzen Körper. Dann entspannt *Ihre Anspannung* sich auch Ihr Geist. Ihre Anspannung läßt nach. Der Geist wird ruhig *läßt nach* und gelassen. Die Seele läßt los und wird friedlich. Sie schauen das Leben an und nehmen es frei und ungebunden an. Der Atem und Ihr Lächeln haben Sie losgelöst. Sie haben Zeit. Vielleicht klagen Sie manchmal: Ich habe keine Zeit, keine Zeit für meine Kinder. Eine Übung wäre möglich. Nehmen Sie sich vor, dreimal an jedem Tag, wenn Ihnen ein Kind begegnet, innezuhalten, dieses Kind in Ruhe wahrzunehmen, ihm in die Augen zu schauen und es anzulächeln. Sonst nichts. Sie werden sehen, mit der Zeit bekommen Sie mehr Zeit für Ihre Kinder.

Planung

Im Zen wird oft betont, daß wir den jetzigen Augenblick nicht überschlagen sollten. Wir könnten dadurch versucht sein zu glauben, daß wir – der Zenauffassung nach – eigentlich aufhören sollten, unsere Zukunft zu planen. Nein, sicher nicht. Planen gehört zum Leben. Auch die Eichhörnchen planen für ihre Zukunft. Im Herbst sammeln sie Nüsse und bereiten ihr Winterlager vor, damit sie den Winter überleben. Natürlich, sie tun dies vielleicht vollkommen instinktiv, während wir Menschen überlegend planen (aber hoffentlich auch intuitiv). Ein Eichhörnchen verschwendet keine einzige Sekunde an die Vorstellung, wie kalt es im kommenden Winter sein wird, sondern es sammelt und baut, wie es in diesem Moment notwendig ist.

Im Augenblick Wir können in diesem Augenblick voll konzentriert den Telephonhörer *konzentriert* zur Hand nehmen und ein Hotelzimmer für den nächsten Sommerurlaub *bleiben* mieten, ohne schon an die Zukunft zu denken und schwärmerisch zu träumen von der herrlichen Wärme am blauen Mittelmeer. Wir träumen nämlich nur, weil unser Körper uns erzählt, daß jetzt ein gemeiner kalter Herbstwind aufkommt, uns frösteln und uns das Fenster schließen läßt.

Dies bedeutet: Was wir in der Regel »Planung« nennen, ist oft nichts anderes als ein Ausweichen der Gegenwart, des augenblicklichen Zustands. Wenn wir uns unwohl fühlen, nicht mit uns zufrieden sind oder wenn wir ein Problem haben, beginnen wir oft sofort zu planen, ohne den jetzigen Augenblick genau beobachtet und untersucht zu haben.

Verstehen der augenblicklichen Situation

Wir überlegen uns, was sich in Zukunft alles ändern muß oder was wir besser machen wollen, ohne wirklich wahrgenommen zu haben, was es mit unserem Unwohlsein, mit unserer Unzufriedenheit auf sich hat. Wir überschlagen den Augenblick und finden deshalb nie zu einer realistischen Planung.

Auch in der Geschäftswelt ist dies ein weitverbreitetes Verfahren. Wenn ein Unternehmen oder ein Betrieb sich in einer wirtschaftlich schlechten Situation befindet, gelingt es den Verantwortlichen nur selten, diesen Zustand zunächst einmal auszuhalten, um ihn zu verstehen. Es werden gleich Strategien entwickelt, die »aus der Klemme« helfen sollen. Selten allerdings haben diese Strategien Erfolg, und so werden immer weitere Strategien ersonnen.

Eine gute Planung geht vom Augenblick aus – den ersten Schritt tun, den zweiten Schritt planen, um auch ihn im nächsten Augenblick zu tun, ohne in Gedanken schon 20 Schritte voraus zu sein.

(Der Zenlehrer Rients R. Ritskes hat ein sehr praktisches Zenbuch über Planung geschrieben, → Seite 91.)

Management

Hier im Westen scheint Management gleichbedeutend mit Streß zu sein. Meistens versuchen wir nur, die Streßsymptome zu behandeln, statt uns mehr mit der Vorbeugung zu beschäftigen und die Ursachen, die dem Streß zugrunde liegen, anzugehen.

Wie kommt es, daß die Japaner so gegen Streß gewappnet zu sein scheinen? Sie haben ein relativ kleines Land, besitzen aber einen

Intuition im richtigen Moment

großen Teil der Geschäftsanteile auf dem Weltmarkt. Wie schaffen sie das? Sie können sich einfach besser auf die augenblickliche Handlung konzentrieren! Sie verstehen noch die Kunst, ihre Intuition an der richtigen Stelle im richtigen Zeitpunkt einzusetzen und zu benutzen. Sie haben Ausdauer! Sie verstehen zu lächeln und sich dadurch in Bruchteilen von Sekunden zu entspannen.

*Der Zengeist
in Japan*
Zen ist mehr als 1000 Jahre Teil der japanischen Kultur gewesen, und es mag uns nicht verwundern, daß immer noch jeder Japaner vom Zengeist durchdrungen ist, auch wenn viele Japaner Zen nur noch flüchtig oder aus traditioneller Gewohnheit üben.

Immer noch sind ihr Schulsystem und die Berufsausbildung von den alten Werten Konzentrationsvermögen, Gelassenheit und Ausdauer geprägt. Entspannung sowie Beweglichkeit in Körper und Geist werden systematisch geübt.

Wenn Sie die erforderliche Zeit und Mühe aufwenden und die Zenübungen regelmäßig ausführen, werden Sie sich körperlich und geistig wohlfühlen. Sie könnten die ganze Welt managen! Sie wissen ja, wie Sie in drei Atemzügen wieder topfit sein können und zur gleicher Zeit unabhängig bleiben vom Resultat des nächsten Geschäftsgespräches!

(»Zen für Manager« von Rients R. Ritskes gibt wertvolle Tips und Übungen hierfür, → Seite 91.)

Der Garten als Lehrer

Wenn Sie einen Garten haben, ist dies sehr schön. Dann können Sie erleben, wie der Garten Ihr Zenmeister sein kann. Aber auch ein Stückchen Erde auf dem Balkon oder Blumen und Pflanzen im Haus können Ihnen alles über Zen, über Leben und Tod, über den Kreislauf der Dinge erzählen.

Der Garten erwartet von uns Planung und Arbeit zu rechten Zeit. Unsere gärtnerische Tätigkeit hat Auswirkung auf die Zukunft. Ist das Wetter gut, säen wir im Frühjahr, damit wir im Sommer oder im Herbst ernten können. Doch jede Planung ist nur eine Möglichkeit, denn ob wir am Wochenende im Garten arbeiten können, hängt nicht nur von uns ab. Wir müssen uns in den Rhythmus der Natur einfügen und, wenn es regnet, unseren Plan loslassen.

Anpassung an den Rhythmus der Natur

Als Gärtner erfahren wir, daß es wirklich ein Vorrecht ist, in der Erde herumwühlen zu dürfen, vor allem, wenn wir längere Zeit in einem Garten arbeiten. Die kleine Pflanzen müssen gepflegt werden, damit sie heranwachsen können. Sie brauchen unser Verständnis, unsere Zuneigung. Sie brauchen unsere Hilfe bei Trockenheit und Hitze, um zu gedeihen. Ihr Geist und unser Geist müssen sich vereinen.

Wenn Sie in einem Garten arbeiten, dann sehen Sie, wie Blumen und Gemüse, wie Blätter und Zweige zurück zur Erde fallen und nach einiger Zeit neue Blumen und Bäume wachsen. Es kann nicht anders sein, als daß bei Tieren und Menschen das Gleiche geschieht. Alles Leben, sei es das von Pflanzen, von Steinen, von Bäumen, von Menschen oder von Tieren, kommt aus der Erde und geht dorthin zurück. Kein Element geht verloren, es tritt nur eine neue Form in Erscheinung.

Wandel der Formen

Das Leben bekommt immer eine neue Form, und diese Form stirbt nach einiger Zeit, nach einer Sekunde, nach einem Tag, nach 80 Jahren oder vielleicht nach 10 000 Jahren. Eine Form annehmen und wieder abgeben, ist genau dasselbe, wie einatmen und ausatmen.

Die Erde atmet – sie atmet ein und aus. Und wir atmen den Atem der Erde. Die Erde lebt und stirbt. Wir leben und sterben mit dieser Erde. Wir sind nichts Besonderes. Wir sind Teil der Erde. Wir *sind* die Erde. Menschen, Tiere und Pflanzen atmen auf gleiche Weise den Atem der Erde.

Ein gepflegter Garten in einem Augenblick seines Lebens: Die Blume wird verblühen, die Büsche werden ihr Grün verlieren, das Wasser wird im Winter gefrieren, bis – dem Rhythmus der Natur folgend – alles einen neuen Anfang nehmen wird.

Die Erde gibt Leben und gibt Tod. Wir brauchen nur mit offenem Geist hinzuschauen und mitzumachen, mitzuatmen, mitzuleben und mitzusterben. Dann gibt es keine Probleme mehr. Dann ist es nicht mehr interessant, ob wir dies hier Zen nennen oder nicht.

Ehrfurcht
vor der Erde

Die Blume wird Abfall, und aus dem Abfall wächst Gemüse. Das ist alles. Arbeiten im Garten ist eine Übung in der Ehrfurcht vor der Erde, vor dem Leben und dem Tod.

Die Kunst des Kochens

Die Geschichte von Zenmeister Dôgen

Der große Zenmeister Dôgen – der Begründer der japanischen Sôtô-Schule – suchte seit seinen traumatischen Kindheitserlebnissen, dem Tod seiner Eltern, viele Jahre nach der Bedeutung der Vergänglichkeit. In Japan hat ihm kein Lehrer helfen können und deshalb suchte er die Antwort auf seine brennende Frage im Ausland, in China. Noch auf dem Handelsschiff im chinesichen Hafen Ming-Chou hatte Dôgen eine wichtige Begegnung mit einem alten Mönch, dem Hauptkoch eines großen Klosters. Der alte Koch kam an Bord, um japanische Pilze zu kaufen. Die beiden kamen ins Gespräch, und Dôgen fragte den Mönch, warum er sich in seinem Alter nicht mit Meditieren beschäftige, statt immer noch zu arbeiten. Der alte Mönch begann herzhaft zu lachen und antwortete: »Lieber Fremdling, die wahre Übung und die wahre Bedeutung der Worte scheinen Ihnen noch unbekannt zu sein.« Dôgen war verblüfft. Er wollte weiterfragen, aber der Koch stand auf und verschwand.

Der Intellekt ist zur Erkenntnis nicht fähig

Nach einigen Monate begegnete Dôgen dem alten Koch wieder. Sie sprachen auch diesmal über Übung und Worte. Der alte Mönch sagte: »Die Worte studieren bedeutet, den Ursprung der Worte studieren; sich anspannen in der Übung bedeutet, in die Übung eindringen«. Dôgen fragte: »Was sind Worte?« »Eins, zwei, drei, vier, fünf«, antwortete der Koch. Dôgen verstand nichts davon. Er fragte weiter: »Und was ist Übung?« »Das ganze Universum hat sie noch niemals versteckt gehalten,« antwortete der Koch. Dôgen verstand noch immer nichts. Aber die Antworten sorgten für eine radikale Verschiebung von Dôgens intellektuellem Suchen nach Erkenntnis. Die Antworten des Kochs stellten den Prozeß des Tuns in den Mittelpunkt.

Später, als Dôgen – zurück in Japan – Abt eines Kloster geworden war, schrieb er ein Instruktionsbuch für den Koch des Klosters. Er erläutert darin bis in die feinsten und kleinsten Schritte die Tätigkeit des Kochs beim Herstellen einer Mahlzeit und erklärt so anhand des Kochens in wunderbarer Weise den Übungsweg des Zen. In diesem Zusammenhang weist Meister Dôgen darauf hin: Während der Hauptkoch Reis und Gemüse zubereitet, rezitiert der Küchenjunge das Herzsutra. Niemand außer dem Hauptkoch darf die Deckel hochheben und in die Töpfe gucken, geschweige denn etwas naschen!

Huang-Po, der Lehrer des Meisters Rinzai, sagt über die Kunst des Essens im Geiste des Zen:

Es gibt sinnenhaftes und weises Essen. Wenn der Körper, der aus den vier Elementen besteht, an Hunger leidet und Ihr ihm ohne Gier Nahrung verschafft, dann ist dies weises Essen. Wenn Ihr Euch aber gierig an Reinheit und Wohlgeschmack ergötzt, dann laßt Ihr die Unterscheidungen zu, die aus falschem Denken erwachsen. Nur Befriedigung des Geschmackssinnes zu suchen, ohne zu wissen, wann man genug hat, heißt sinnenhaftes Essen.

Die Zubereitung des Essens

Ein Koch war und ist noch immer die wichtigste Person im Kloster, weil er Leben und Tod in seinen Händen hält. Vom Gärtner bekommt er das Gemüse in die Küche gebracht. Diesem gibt er durch das Kochen eine neue Lebensform, er transformiert es. Im Garten ist der Blumenkohl eine lebendige Pflanze, die durch die Hand des Gärtners wächst und gedeiht und zur vollen Form ausreift. In der Küche befreit der Koch den Blumenkohl von Blättern und Sand und kocht ihn, nimmt ihm sein altes Leben. Er gibt ihm durch die Zugabe von Kräutern, Gewürzen und Soße eine neue Lebensform als Blumenkohlgericht. Der Koch ist kreativ und komponiert ein Gericht jedesmal anders, ganz gleich, wie oft er es zubereitet.

Die Zubereitung des Essens trägt dazu bei, daß wir Menschen Energie in uns entwickeln und leben können. Durch die Verwandlung der Pflanze in ein Essen bleiben wir gesund und am Leben. Dieser Prozeß der Verwandlung einer Pflanze zum eßbaren Gemüse sollte bewußt, Schritt vor Schritt, vom Koch vollzogen werden. Denn wie betonten die alten Zenmeister schon immer: »Für einen Koch bedeutet sein Weg, seine Ärmel hochzukrempeln!«

Jede Bewegung bei der Zubereitung einer Mahlzeit tun wir bewußt und sehr achtsam. Denn wir wissen: Eine Sekunde Unachtsamkeit – und wir haben die Suppe versalzen. Sind wir unbedacht beim Einrühren der Soße, dann ist sie voller Klümpchen! Beim Marmelade-Rühren können wir auf unseren Atem achten. Vor allem die feine Verbindung von Zeit, Ruhe und Qualität wird beim Kochen ihre Auswirkungen zeigen. Meister Dôgen sagt: *»Schon in den alten Zenschriften steht geschrieben: Der Koch soll der Gemeinschaft ein Essen vorsetzen, das die sechs Geschmacksrichtungen und die drei vorzüglichen Eigenschaften in Harmonie vereint. Die drei vorzüglichen Eigenschaften einer Mahlzeit sind: gesunde Zubereitung der Nahrung, gründliche Sauberkeit und ein ausgewogener Geschmack. Die sechs Geschmacksrichtungen sind: bitter, sauer, süß, salzig, mild und scharf gewürzt.«*

In seiner Anleitung für den Koch erwähnt Dôgen, daß der Hauptkoch im Kloster selbst den Tisch abräumt, die Küche saubermacht und alles wieder an seinen Platz stellt. Hierbei soll er die gleiche Achtsamkeit zeigen wie bei der Zubereitung des Essens.

Zen besteht darin, sorgfältig und achtsam zu tun, was getan werden muß: eine Mahlzeit bereiten, den Tisch decken, essen und danach in demselben Geist alles wieder aufräumen.

Achtsamkeit beim Kochen und Aufräumen

Die Kunst des Kaffeetrinkens

*Eine Zeremonie
mit Freunden*

Laden Sie Ihre Freunde zum Kaffeetrinken ein, und sagen Sie ihnen, daß Sie es in der Art einer Zeremonie abhalten möchten. Decken Sie den Tisch entsprechend der Jahreszeit oder eines Feiertages mit Tischdecken, Blumen, Kerzen und schönem Porzellan. Achten Sie auf Harmonie in Farben und Form. Bereiten Sie alles mit viel Sorgfalt und Liebe in Ruhe zu. Stellen Sie auf einem Teewagen alles zurecht – Kaffeemühle, Kaffee, Kaffeekanne, eventuell Filter. Wenn Ihre Gäste angekommen sind, Sie sie begrüßt haben und sie Platz genommen haben, holen Sie aus der Küche das kochende Wasser. Schweigend bereiten Sie vor den Augen der Gäste den Kaffee zu. Dann gießen Sie achtsam den Kaffee in die Tassen und reichen Gebäck dazu.

Bevor getrunken wird, verbeugt sich jeder vor dem gedeckten Tisch, den Blumen, den Kerzen und der ganzen Tischgemeinschaft. Schweigend prüfen Sie nun nicht nur den Kaffee und das Gebäck, sondern genießen

*Jeder genießt
die Atmosphäre*

die Atmosphäre des gedeckten Tisches, die Stille des Raumes, die Freundschaft miteinander, und werden Sie eins mit dem Raum und den Menschen. Sie als Gastgeber eröffnen dann das Tischgespräch, bei dem alle eingeladen werden, die Unterhaltung so bewußt und achtsam wie möglich und im Einklang mit dem Atem zu führen.

Wenn Sie die Kaffeetafel aufheben, verbeugen sich alle schweigend zueinander und verabschieden sich.

Käme Sen Rikyu heute nach Deutschland, würde er sagen:

*Kaffee ist nichts anderes als:
Erst kochst Du das Wasser,
Dann bereitest Du den Kaffee,
Dann trinkst Du aufmerksam.
Das ist alles, was Du wissen mußt.*

Das Staubsaugen

Es gibt viele Tätigkeiten, die uns zur Zenübung einladen. Zu diesen gehört, wie wir anfänglich bereits erzählten, das Kehren der Straße, wie der Beppo aus Michael Endes Buch »Momo« es tut.

Wenn Sie kein Stück Straße kehren müssen, kehren Sie am Samstag vielleicht den Hof, waschen Ihr Auto, putzen die Fenster Ihres Hauses oder staubsaugen den Boden.

Bei all diesen Tätigkeiten ist die Übung, stets bei Ihrem Atem zu bleiben, mit der Bewegung in harmonischen Rhythmus zu kommen und eins mit der Handlung und dem Arbeitsgerät zu werden. Dann ist Ihr Schwerpunkt nicht mehr im Kopf, sondern im Bauch. Wenn Ihr Schwerpunkt im Bauch ist, trifft er zusammen mit dem Schwerpunkt des ganzen Universums. Jôshû Sasaki Rôshi sagt: »Die wahre Zenübung ist es, zur gleichen Zeit im Schwerpunkt des Universums und in Deinem eigenen Schwerpunkt zu stehen.«

Wenn die Welt in Abermillionen von Teilchen auseinanderfällt, dann gibt es Abermillionen Schwerpunkte. Aber wenn Ihr Schwerpunkt zusammenfällt mit dem Schwerpunkt des Universums, machen Sie die Welt eins, und Sie werden eins mit der Welt. Dann gibt es nur noch einen Schwerpunkt, und Sie haben Ihren eigenen Schwerpunkt vergessen. Es gibt keinen eigenen Ich-Schwerpunkt mehr!

Eins mit der Welt sein

Nehmen wir einmal an, Sie möchten den Boden in Ihrer Wohnung staubsaugen. Sie atmen ein, wenn Sie die Staubsaugerbürste von sich wegschieben. Sie atmen aus, wenn Sie sie wieder an sich heranführen. Kurze Atem-Pause – kurze Arbeitspause. Zählen Sie von eins bis drei oder von eins bis fünf bei der Atmung und Bewegung. Stellen Sie sich auf Ihren natürlichen Atem-Rhythmus ein. Achten Sie darauf, daß Ihr Schwerpunkt nicht im Kopf, sondern im Bauch ist. Das heißt, Ihre Konzentration ist in Ihrem Schwerpunkt, in Ihrem Bauch, wo alle Bewegung entsteht.

Denken Sie an nichts anderes

Staubsaugen Sie so, wie Sie Gehmeditation üben würden. Denken Sie an nichts anderes als an das Staubsaugen. Entspannung, Gelassenheit und Ruhe kehren in Sie ein.

Sie verschmelzen mit der Bewegung des Staubsaugers, und Sie erfahren, was der Zenmeister will, wenn er sagt: »Bring' mir Deinen rennenden Hund!«

Das Ziel des Zen Bedenken wir immer wieder: Ziel des Zen ist es nicht, in der Luft zu schweben oder über das Wasser zu wandern, sondern den Boden zu saugen, wenn er staubig ist, und die Fenster zu putzen, wenn sie schmutzig sind. Voll und ganz in unserem Schwerpunkt zu sein, in voller Konzentration und Harmonie mit Körper, Geist und Seele zu tun, was notwendig ist – dann bewegen und erschaffen wir das ganze Universum Augenblick für Augenblick. Dann und nur dann sind wir eins mit dem ganzen Kosmos, mit seiner Kraft und Energie.
Deshalb heißt es:

Wenn Du sitzt, dann sitze,
Wenn Du gehst, dann gehe,
Wenn Du arbeitest, dann arbeite.

Das ist alles, das ist Zen.

Zum Nachschlagen

Sachregister

Verwendete Literatur

Das Diamantsutra, Thich
Nhât Hanh, Theseus Ver-
lag, Zürich, München
Der Geist des Zen, Huang
Po, O.W. Barth Verlag,
München
*Die Einheit hinter den
Gegensätzen,* Hermann
Hesse, Suhrkamp Verlag
*How the Swans came to
the Lake,* Rick Fields,
Shambhala, Boulder-Color-
ado
Sutrabuch, ZEN-Verlag,
Judith Bossert, Lautzerath
Tea Life, Tea Mind, Soshit-
su Sen XV, New York,
Tokyo
*ZEN, Kwartaaltijdschrift
voor theorie en praktijk
van zen* (Vierteljahreszeit-
schrift für Theorie und
Praxis des Zen), ZEN-
Verlag Judith Bossert,
Lautzerath
*Zenmeesters uit het verle-
den,* Redactie ZEN, ZEN-
Verlag, Lautzerath
Zu den Quellen des Zen,
Mumonkan, Zenkei Shi-
bayama, Wilhelm Heyne
Verlag

Literatur zum Einlesen

Das Wunder der Achtsamkeit, Thích Nhât Hanh, Theseus Verlag, Zürich, München
Der Geruch von frischgeschnittenem Gras, Anleitung zur Gehmeditation, Thích Nhât Hanh, 2. erneuerte Auflage, ZEN-Verlag Judith Bossert, Lautzerath
Die Stimme des Tales, Taisen Deshimaru-Roshi, Werner Kristkeitz Verlag, Leimen
Ethik des Zen, Robert Aitken, Eugen Diederichs Verlag, München
Fragen an einen Zen-Meister, Taisen Deshimaru-Roshi, Werner Kristkeitz Verlag, Leimen
Innerer Friede, Äusserer Friede, Thích Nhât Hanh, 2. erneuerte Auflage, Theseus Verlag, Zürich, München
Lebendiges Zen, Claude Durix, Werner Kristkeitz Verlag, Leimen
Mit ganz neuen Augen sehen, Toni Packer, Aurum-Verlag, Braunschweig
Rückkehr zur Stille, Dainin Katagiri, Theseus Verlag, Zürich, München
Za-Zen – die Praxis des Zen, Taisen Deshimaru-Roshi, Werner Kristkeitz Verlag, Leimen

Zen für Manager, Rients R. Ritskes, Eugen Diederichs Verlag, München
Zen-Geist, Anfänger-Geist, Shunryu Suzuki, Theseus Verlag, Zürich, München
Zen im Alltag, Charlotte Joko Beck, Droemersche Verlagsanstalt Th. Knaur, München
Zen in den Kampfkünsten Japans, Taisen Deshimaru-Roshi, Werner Kristkeitz Verlag, Leimen
Zen in der Kunst des Lernens, Rients R. Ritskes, Hermann Bauer Verlag, Freiburg
Zen und die Kunst, ein Motorrad zu warten, Robert M. Pirsig, Fischer Verlag, Frankfurt
ZEN – Vierteljahreszeitschrift für Theorie und Praxis des Zen, ZEN-Verlag Judith Bossert, Lautzerath

Adressen die weiterhelfen

Bezugsquelle für Meditationsartikel:

Zen-Verlag und Versand
Judith Bossert
Huffertsheck 1
54619 Lautzerath bei Leidenborn
Tel. 06559/467

Japanalia
Herzogstraße 7,
80803 München

Zentren zur Zenübung:

Zenklausen in der Eifel
Adelheid Meutes-Wilsing
Huffertsheck 2
54619 Lautzerath bei Leidenborn

Meditationshaus
St. Franziskus
Klostergasse 8
92345 Dietfurt/Altmühltal

Buddhistische Gesellschaft
Berlin e. V.
Wulffstraße 6
12165 Berlin

Ji-Kai-Zen Kutsu
c/o Michael Sabaß
Waller Heerstraße 96
28219 Bremen

Kanzeon Zen Kreis
Kaiserswerther Straße 43
40477 Düsseldorf

Zen-Gemeinschaft Frankfurt
Arndtstraße 17
60325 Frankfurt

Zen Dojo der A. Z. I.
Schusterstraße 1
79098 Freiburg

Zen in der BGH
Beisserstraße 23
22337 Hamburg

Zendo Jikishin-an
Adalbertstraße 108
80798 München

*Bitte nicht vergessen:
Rückporto beilegen*

Für Körper, Geist und Seele.

Innere Harmonie finden,
im Einklang mit sich selbst sein –
dieses Ziel ist so alt wie die
Menschheit. Aber gerade im Zeit-
alter des Fortschritts scheinen
wir davon oft meilenweit enfernt.
Deshalb suchen immer mehr
Menschen neue (und alte) Wege,
um zur inneren Mitte zurück-
zufinden. Die **GU Ratgeber**
»ganzheitlich leben« begleiten
Schritt für Schritt bei dem
Bemühen um Ausgeglichenheit
und Lebensfreude.
19,80 DM / 155,- öS / 20,80 sfr.
24,80 DM / 194,- öS / 25,80 sfr.

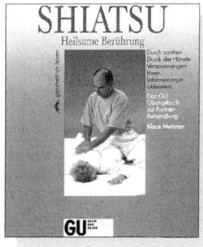

Mehr draus machen.
Mit GU.

Die Körper-, Kopf- und Handhaltung bei der Gehmeditation; die Augen
sind halb geschlossen.